# O POLH

(Português como Língua de Herança)

# NA EUROPA

Ana Souza
Camila Lira
(Orgs)

II Simpósio Europeu sobre o Ensino de Português
como Língua de Herança

— JNPBooks Education —

# VOLUME 1

*A todos os educadores de POLH que atuam na Europa e tanto se esforçam para terem seu trabalho reconhecido e valorizado.*

# Comitê Científico

### Cristina M. M. Flores
Departamento de Estudos Germanísticos e Eslavos
Universidade do Minho Campus de Gualtar 4710 - 057 Braga

### Clarissa Menezes Jordão
Universidade Federal do Paraná
Departamento de Letras Estrangeiras Modernas

### Roberval Teixeira e Silva
Universidade de Macau
Faculdade de Letras
Departamento de Português

### Rosane Werkhausen
Universidade Técnica de Munique, Centro de Línguas
Universidade Christian Albert de Kiel – Alemanha
Faculdade de Letras

# AGRADECIMENTOS

*Agradecemos à professora Maria Luisa Ortíz Alvaréz (Universidade de Brasília, Brasil) por seu contínuo apoio ao trabalho sendo desenvolvido na área de Português como Língua de Herança na Europa. Ressaltamos, particularmente, sua generosidade em escrever o prefácio desta obra.*

*Agradecemos às professoras Sílvia Melo-Pfeifer (Universidade de Hamburgo, Alemanha) e Gláucia Silva (Universidade de Massachusetts – Dartmouth, EUA) por terem escrito as apresentações das partes 1 e 2, respectivamente, desta coletânea. Muito valorizamos o apoio que prestaram a este trabalho.*

*Agradecemos à professora Kátia Chulata (Universidade de Pescara, Itália) pelos gentis comentários publicados na contracapa desta coletânea.*

*Agradecemos às professoras Cristina Flores (Universidade do Minho, Portugal), Clarissa Menezes Jordão (Universidade Federal do Paraná, Brasil), Rosane Werkhausen (Universidade Técnica de Munique, Alemanha) e ao professor Roberval Teixeira e Silva (Universidade de Macau, China) por terem prontamente aceitado colaborar com esta obra como membros de seu comitê científico.*

*Agradecemos ao periódico Language Issues pela permissão para a publicação do artigo traduzido para o português: Souza, Ana. 'Is Brazilian Portuguese being taught as a community or heritage language?'. Language Issues, 27(1), p. 21-28, 2016.*

*Agradecemos à Luciana Paquet, tradutora registrada junto ao Instituto de Linguistas (CIoL) do Reino Unido sob o número 28060, por ter traduzido do inglês para o português o Capítulo 1 desta coletânea e revisado toda a obra.*

*Agradecemos à JNPBooks Ltd por ter acreditado neste projeto e possibilitado que ele se tornasse realidade.*

**Ana Souza e Camila Lira,
Londres, 13 de setembro de 2017**

# SUMÁRIO

Prefácio — *Maria Luisa Ortiz*. ................................................. **9**

Introdução — *Ana Souza e Camila Lira*. ........................... **13**

Biografia dos autores ................................................................. **23**

**Seção I - Reflexões sobre o ensino de POLH**

**Apresentação** ............................................................................. **39**

Discursos no ensino do português como língua de herança
— *Sílvia Melo-Pfeifer*.

**Capítulo 1** .................................................................................. **45**

O ensino de português brasileiro na Inglaterra: Uma língua de herança ou língua comunitária? — *Ana Souza*.

**Capítulo 2** .................................................................................. **80**

Espaços (in)formais de desenvolvimento profissional docente: O ensino de português no estrangeiro — *Maria de Lurdes Santos*

*Gonçalves.*

**Capítulo 3** .................................................. **126**

Alfabetização e letramento em POLH: Um contexto de línguas próximas — *Juliana Azevedo Gomes.*

**Capítulo 4** .................................................. **149**

Alfabetização bilíngue em POLH: O caso de alunos teuto-brasileiros — *Camila Lira.*

**Capítulo 5** .................................................. **182**

Material didático para o ensino de POLH — *Rita Dorneles.*

**Seção II - Projetos de incentivo ao ensino de POLH**

**Apresentação** .................................................. **205**

Percursos no ensino do português como língua de herança — *Gláucia Silva.*

**Capítulo 6** .................................................. **212**

O ensino de POLH na ABEC: Desenvolvendo um currículo — *Miriam Müller Vizentini.*

**Capítulo 7** .................................................. **226**

A hora do conto em Dubai: Preservando heranças linguística e cultural — *Magaly Dias de Quadros.*

**Capítulo 8** .................................................................. **237**

Casa do Brasil em Florença: À procura de um espaço linguístico — *Ana Luiza de Souza*.

**Capítulo 9** .................................................................. **254**

Projeto Pirulito: Promovendo o POLH em uma pequena cidade italiana — *Leila Santos*.

**Capítulo 10** ................................................................ **264**

Bilingua e.V.: A difusão da cultura de língua portuguesa em Berlim — *Cíntia Godoy e Christina Litran*.

**Capítulo 11** ................................................................ **275**

Linguarte e.V.: Contribuindo para o desenvolvimento do POLH na Alemanha — *Camila Lira*.

**Capítulo 12** ................................................................ **296**

ABRIR: Uma ação de parceria e cooperação na Inglaterra — *Claudia Garwood e Ana Souza*.

**Capítulo 13** ................................................................ **314**

Elo Europeu: Representando uma região integrada — *Maria José Maciel*.

# PREFÁCIO

*"A concepção de linguagem que recoloca, definitivamente, o ser humano, ser de linguagem, em meio a sua história e a sua cultura. Diferentemente da concepção de linguagem dominante no século 20, para a qual o sujeito é o ser da razão, no século 21 não é apenas a razão que o define, mas também suas características sociais, culturais e históricas."*

(ARCHANJO, 2011, p. 622)

O Português como Língua de Herança, na Europa, vem conquistando espaço dentro dos ambientes onde outras línguas, sejam elas comunitárias, nativas ou segundas, são faladas. Mas para alcançar esse espaço foi preciso criar bases que pudessem demonstrar o valor desse patrimônio linguístico e cultural, foi preciso unir esforços e compartilhar ideias, discutir, analisar e tentar dar conta da heterogeneidade e complexidade dessa área e, assim, construir um conjunto de sugestões de práticas e experiências de ensino de Português como Língua de

Herança. Os simpósios europeus foram cenários autênticos dessas discussões e, precisamente, como resultado de um deles, do II SEPOLH, nasceu a ideia desta coletânea de autoria de Ana Souza e Camila Lira e que me foi incumbida prefaciar.

A obra consta de vários capítulos, a saber: Reflexões sobre o Ensino de Português como Língua de Herança; O Ensino de Português Brasileiro na Inglaterra: uma Língua de Herança ou Língua Comunitária?; Espaços (in)formais de desenvolvimento profissional docente: o Ensino de Português no Estrangeiro; Alfabetização e letramento em POLH: um contexto de línguas próximas; Alfabetização bilíngue em POLH: o caso de alunos teuto brasileiros; Material Didático para o ensino de POLH: recursos e desafios; O ensino de POLH na ABEC: Desenvolvendo um currículo; A Hora do Conto em Dubai: Preservando heranças linguística e cultural; Casa Do Brasil em Florença: À Procura de um Espaço Linguístico; Projeto Pirulito: Promovendo o POLH em uma pequena cidade italiana; Bilingua e.V.: A Difusão da Cultura de Língua Portuguesa em Berlim; Linguarte e.V.: Contribuindo para o desenvolvimento do POLH na Alemanha; ABRIR: Uma ação de parceria e cooperação na Inglaterra; Elo Europeu: Representando uma região integrada. Nesta coletânea estão contemplados vários países, dentre eles, Itália, Inglaterra, Alemanha, Espanha,

Suíça e, inclusive, os Emirados Árabes (Dubai) o que nos dá uma ideia da diversidade e variedade de experiências e práxis desenvolvidas pelos seus protagonistas, tanto professores como crianças e adolescentes, falantes de herança.

Legitimar e desenvolver a língua de herança na diáspora depende também da família, dos pais e da atitude que filhos e pais tenham com relação à LH, pois a língua do país de acolhimento vai se solidificando como língua dominante, principalmente nos jovens, se tornando a sua língua de alfabetização e de socialização, relegando a LH para o contexto familiar, que também muitas vezes não favorece a realização e manutenção desta última.

A Língua de Herança deve se tornar um modo de ser e de estar, um elo que nos conduz a nossa cultura, a nossas raízes, aprendê-la significa revitalizar os nossos contatos com ela, conviver e manter os laços que nos unem a ela. A coletânea que nos oferecem Ana e Camila nos incentiva a refletir sobre como podemos repensar e renovar as nossas práticas, orientar o nosso olhar para as necessidades dos falantes de herança e criar estratégias que favoreçam a motivação e manutenção da língua-cultura de herança nos contextos europeus globalocais em que ela se insere.

Recomenda-se esta obra para professores de Português

Língua de Herança e para todos aqueles que se interessem, queiram e acreditem que a Língua Portuguesa seja uma língua de futuro. Parabenizo às autoras e aos colaboradores pela qualidade, pela pertinência e tratamento dado ao tema em foco.

**Prof.ª Dra. Maria Luisa Ortiz Alvarez**
Professor Associado III
Departamento de Línguas Estrangeiras e Tradução
Instituto de Letras
Universidade de Brasília

# Referências.

ARCHANJO, R. Linguística aplicada: uma identidade construída nos CBLA. In: Revista Brasileira de Linguística Aplicada. Belo Horizonte: Faculdade de Letras da UFMG, v. 11, n. 3, p. 609-632, 2011.

# INTRODUÇÃO

## Ana Souza e Camila Lira

A ideia de organizar um livro sobre o Ensino de Português como Língua de Herança na Europa surgiu durante as atividades do II-SEPOLH[1], realizado em Munique, Alemanha, nos dias 16 e 17 de outubro de 2015.

O SEPOLH (Simpósio Europeu sobre o Ensino de Português como Língua de Herança, www.sepolh.eu) é um evento bienal que tem como objetivo (1) propiciar maior intercâmbio de ideias e práticas entre os países europeus que possuem instituições trabalhando na difusão da língua portuguesa e da cultura brasileira; (2) incentivar a colaboração entre as instituições espalhadas pela Europa; (3) disseminar o trabalho dessas instituições; e, (4) dar maior visibilidade ao Ensino do Português como Língua de Herança na Europa.

---

[1] https://sites.google.com/site/sepolh/arquivo/ii-sepolh

Na segunda edição do evento, resolvemos documentar a riqueza das contribuições em sua programação através da organização deste livro que possui duas seções. Na primeira seção, *Reflexões sobre o ensino de POLH*, apresentamos discussões mais acadêmicas em cinco capítulos. Esses capítulos possuem uma estrutura similar: apresentam debates gerais sobre suas áreas de foco e, em seguida, refletem sobre as questões específicas desse foco em relação ao ensino de POLH.

O primeiro capítulo dessa seção, *O Ensino de Português Brasileiro na Inglaterra: Uma Língua de Herança ou Língua Comunitária?*, é uma tradução do artigo escrito por Ana Souza para a revista *Language Issues*. Por isso, é o único artigo que não segue a mesma estrutura dos outros capítulos. A autora teve a motivação para escrever esse artigo em consequência do convite para fazer a abertura do II-SEPOLH. Assim, esse artigo discute os aspectos históricos bem como os aspectos sociais e políticos atuais relacionados ao desenvolvimento do POLH, com um foco específico na Inglaterra. Discussões sobre as terminologias adotadas em diferentes países para referir-se a línguas que os imigrantes trazem com eles são apresentadas nesse capítulo. Essas discussões são contextualizadas em relação à situação da migração brasileira internacional, a qual tornou-se significativa apenas na segunda metade dos anos 80. Uma revisão das primeiras publicações sobre as escolas comunitárias brasileiras na Inglaterra mostra o importante papel que essas escolas desempenham no desenvolvimento da identidade de seus alunos. Consequentemente, um contínuo crescimento no número dessas escolas tem sido testemunhado desde 1997. Esse crescimento e os desafios que essas escolas enfrentam são documentados nesse capítulo. O desenvolvimento de redes locais, nacionais e internacionais é reconhecido como uma maneira criativa através da qual as escolas decidem trabalhar juntas para superarem seus desafios. Mesmo assim, esse capítulo chama a atenção para a necessidade de se incluir outros nódulos nessas redes: as escolas regulares locais e as escolas mantidas por outros grupos de imigrantes. Agradecemos a *Language Issues* por autorizar a tradução do artigo para esta coletânea.

O capítulo 2, *Espaços (in)formais de desenvolvimento profissional docente: o Ensino de Português no Estrangeiro*, escrito por Maria de Lurdes Santos Gonçalves, reflete sobre a formação de professores. O desenvolvimento profissional (DP) docente está tradicionalmente ligado à frequência de ações de formação. No entanto, cada vez mais se constata que essa formação, embora muitas vezes apoiada em processos de investigação-ação, não se tem traduzido num incremento de práticas docentes transformativas e inovadoras (VIEIRA; MOREIRA; PERALTA, 2014). Assim, esse capítulo tem como objetivo partilhar um estudo que diz respeito a outras possibilidades de desenvolvimento profissional docente, nomeadamente em contextos (in)formais através do envolvimento direto dos docentes, da partilha de práticas e da troca de experiências significativas. Nesse sentido, procura-se compreender de que modo uma Jornada de Formação organizada para os docentes do Ensino Português no Estrangeiro (EPE) na Suíça pôde consubstanciar uma forma diferente de formação contínua. Essa formação contou com a participação implicada de 74% do corpo docente do Instituto Camões, quer através da apresentação de projetos nos quais se envolveram, quer dinamizando oficinas, ou ainda, partilhando experiência e atividade didáticas através da elaboração de pôsteres. Através de um inquérito por questionário e de reflexões escritas, recolheram-se dados para perceber de que forma essa participação contribuiu para o DP dos docentes. A análise qualitativa dos dados mostra que o ambiente descontraído, a possibilidade de observar as práticas do outro, a troca de experiências e partilha entre pares são um caminho que permite um enriquecimento profissional, que simultaneamente alimenta a motivação para um DP profícuo e contínuo.

O terceiro capítulo, *Alfabetização e letramento em POLH: um contexto de línguas próximas*, foi escrito por Juliana Azevedo Gomes. Juliana considera alfabetização e letramento em aulas de POLH em um contexto de línguas latinas próximas, como é o caso do português, o espanhol e o catalão. Ela relata um estudo que faz parte de sua pesquisa de doutorado intitulada *Formação para português como língua de herança em um contexto de línguas próximas*. Essa pesquisa está sendo realizada com uma turma de nove alunos entre 5 e 7 anos de idade de uma escola complementar em Barcelona, Espanha. Um dos objetivos da pesquisa é conhecer os fatores ambientais linguísticos que influem no processo de aprendizagem de POLH com vistas a propor estratégias didáticas que sejam mais eficazes para este entorno linguístico e cultural. Fundamentos da Linguística Contrastiva de Lado (1957), da Psicogênese da Língua Escrita de Ferreiro & Teberosky (1999) e da Consciência Metapragmática de Verschueren (2000) foram aplicados nas aulas de POLH entre os anos de 2014 e 2015. Os resultados parciais desse estudo são apresentados e discutidos nesse capítulo por meio de exemplos de atividades realizadas com os participantes ao longo do estudo. Os primeiros resultados apontam que, assim como nas pesquisas com aprendizes de língua estrangeira, a semelhança entre os idiomas gera uma facilidade inicial, mas também pode vir a ser um obstáculo na aquisição completa do idioma. Outrossim, percebe-se maior dificuldade em relação à consciência na emissão e compreensão de alguns discursos, especialmente relacionados a ironias e conotações, consequência do uso social limitado da língua de herança.

O capítulo 4, *Alfabetização bilíngue em POLH: o caso de alunos teuto-brasileiros*, escrito por Camila Lira, traz uma análise sobre alfabetização e letramento em aulas de POLH com base em estudo de caso de alunos teuto-brasileiros em Munique, Alemanha. A alfabetização bilíngue em POLH é considerada em relação à teoria da linguística contrastiva e da consciência fonológica. As evoluções de escrita dos alunos são feitas através das etapas descritas por Ferreiro & Teberosky (1999) bem como por seus ditos *erros de ortografia*. Por *erros de ortografia* entende-se as transferências e interferências linguísticas encontradas no corpus de pesquisa, os quais foram analisados e mostram em qual etapa da alfabetização em POLH os alunos se encontram. Os resultados mostram que os alunos passam pelo mesmo processo de maturação física e neurológica de um aluno monolíngue. Além disso, percebe-se que seja qual for o tipo de alfabetização a ser escolhido (simultâneo ou sequencial), o indivíduo usará de seus conhecimentos prévios na língua dominante para decodificar a escrita em POLH. Dessa forma, criará hipóteses de escrita baseadas primeiramente nas regras ortográficas de sua língua dominante, passando para hipóteses baseadas nas regras do português.

O último capítulo dessa seção, *Material Didático para o ensino de POLH*, foi escrito por Rita Dorneles. Nesse quinto capítulo, Rita baseia-se em suas experiências como professora para refletir sobre como materiais didáticos podem ser utilizados em contexto de aulas de POLH. As especificidades deste contexto fazem com que interculturalidade seja o foco de suas discussões. Apesar de seguir a estrutura da seção e ser dividido em debates gerais e reflexões sobre questões específicas relacionadas ao POLH, esse capítulo se diferencia dos outros por não ser baseado em um estudo acadêmico. Considerando que o SEPOLH foi criado com o intuito de estabelecer um diálogo entre acadêmicos e profissionais da área de educação, achamos importante criarmos esse espaço para professores que dão seus primeiros passos em direção a um engajamento teórico. Reconhecemos que as discussões teóricas devem ser aprofundadas, mas também valorizamos as ideias práticas compartilhadas pela autora.

Na segunda seção, *Projetos de incentivo ao ensino de POLH*, criamos um espaço para que as diversas organizações que promovem o POLH na Europa compartilhem suas experiências. Quatro países europeus (Alemanha, Inglaterra, Itália e Suíça), além de Dubai, são representados nesta coletânea. Adiciona-se a eles, o Elo Europeu, uma associação que engloba os vários projetos sendo realizados na Europa. Os sete capítulos nessa seção possuem um formato similar. Eles apresentam um histórico sobre a formação de diversas instituições envolvidas com o ensino de POLH na Europa. Os dados contextuais que levaram a formação dessas organizações e o contexto atual em que atuam ajudam-nos a entender as questões socioeconômicas e culturais envolvidas nesses processos. Dados e características de imigrantes brasileiros, que vivem na região onde encontram-se as instituições, são compartilhados. Também são compartilhados as especificidades das famílias e o perfil dos professores ligados aos projetos. Os capítulos nessa seção também celebram as conquistas de cada uma das instituições, sem perder o entendimento sobre a necessidade de refletir sobre os desafios presentes e de fazer planos futuros.

## Referências.

FERREIRO, E; TEBEROSKY, A. *Psicogênese da Língua Escrita*. Porto Alegre: Artmed. 1999.

LADO, R. *Linguistics across cultures: Applied linguistics for language teachers.* University of Press: Ann Arbor. 1957.

SOUZA, A. Is Brazilian Portuguese being taught as a community or heritage language? In: *Language Issues,* v.27, n.1, 2016a, p. 21-28.

VERSCHUEREN, J. Notes on the role of metapragmatic awareness in language use. *Pragmatics*, v.10, n.4, p. 439-456, 2000.

VIEIRA, F; MOREIRA, M.A. & PERALTA, H. A Country in Focus - Research in foreign language education (2006-2011): Its transformative potential. In: *Language Teaching,* v.47, n.2, p. 191-227, 2014.

# ORGANIZADORAS

## Ana Souza.

Ana Souza é PhD pela Universidade de Southampton, Inglaterra, e pós-graduada em Ensino e Gestão para Educação de Nível Superior pela Goldsmiths, Universidade de Londres, Inglaterra. Associada à Academia Britânica de Educação Superior (*Higher Education Academy*) e professora na Universidade Oxford Brookes (www.brookes.ac.uk), atuando no Programa de Pós-Graduação no Ensino de Língua Inglesa e na graduação da mesma universidade. É graduada em Letras Português-Inglês (CEUB, Brasília) e Tradução Português-Inglês (Universidade de Brasília - UnB). Lecionou Inglês como Língua Estrangeira (EFL) em Brasília. Fez Mestrado no Ensino de Língua Inglesa na Universidade Thames Valley (atual *West London University*), Londres, Inglaterra, onde lecionou Inglês para Falantes de Outras Línguas (ESOL), Português como Língua Estrangeira (PLE) e Português como Língua de Herança (POLH). Tem grande envolvimento com a comunidade brasileira no Reino Unido desde 1999, através de trabalho voluntário que lhe permite transformar conhecimento acadêmico em ação social. Co-fundou a ABRIR (Associação Brasileira de Iniciativas Educacionais – www.abrir.org.uk / https://abrir10anos.wordpress.com) em 2006.

Com o apoio dessa associação, criou o SEPOLH (Simpósio Europeu sobre o Ensino de Português como Língua de Herança - www.sepolh.eu), o qual visa estimular a colaboração de países europeus para benefício dos profissionais e aprendizes de POLH, assim como promover e disseminar pesquisas na área. Além disso, organizou vários eventos sobre os imigrantes brasileiros através do GEB (Grupo de Estudos sobre Brasileiros no Reino Unido – http://geb2008.wordpress.com), o qual co-fundou em 2008. Seus interesses de pesquisa são na área de Sociolinguística, com ênfase em bilinguismo, língua e identidade, escolhas linguísticas, planejamento linguístico (com foco em famílias e igrejas de imigrantes), escolas complementares/ suplementares (escolas de línguas de herança), língua de herança, formação de professores de línguas, inclusive para o ensino de POLH.

Maiores informações sobre suas publicações, cursos, seminários e palestras podem ser encontradas no site: *http://souzaana.wordpress.com*

## Camila Lira.

Camila Lira[2] é mestre em Alemão como Língua Estrangeira com ênfase em bilinguismo pela Universidade Ludwig Maximilian, de Munique, Alemanha. Atualmente é doutoranda na Universidade Europa Viadrina (Frankfurt Oder, Alemanha), onde pesquisa sobre o POLH. É graduada em Letras Português - Alemão pela Universidade de São Paulo (USP) e formou-se no antigo Magistério, em 1999, no CEFAM – Centro Específico de Formação e Aperfeiçoamento para o Magistério – Osasco, Brasil.

Durante 6 anos foi professora concursada para a educação infantil em Barueri, onde trabalhou com turmas em fase de alfabetização. Também trabalhou com ensino fundamental, ensinando Português. Motivada a aprender mais sobre o idioma alemão, fez intercâmbio na cidade de Munique, onde buscou possibilidades para continuar seus estudos. É nesta cidade que começou a dar aulas de PLE e conheceu a Linguarte (www.linguarte.de), associação para o ensino e promoção do POLH. Começou a trabalhar na Linguarte em 2009, com duas turmas de POLH e uma de PLE. Além das aulas na Linguarte, atua como professora de PLE na Universidade Técnica de Munique (www.tum.de) e de

---

[2] https://www.linkedin.com/in/camila-lira-8506356a/

alemão em escolas particulares.

A partir de 2010, passou a coordenar os grupos de ensino de POLH da Linguarte. Através da Linguarte oferece também apoio aos pais e à comunidade sobre o bilinguismo em trabalho conjunto com o Instituto para o Multilinguismo da Universidade Ludwig Maximilian (LMU). Co-fundou o Centro de Informação e Apoio sobre Educação Bilíngue – Português como Língua de Herança - CIAEB-PLH e organizou o II-SEPOLH – Simpósio Europeu sobre o Ensino de Português como Língua de Herança (2015) e o IV Seminário Europeu sobre a Imigração Brasileira na Europa (2016) em Munique.

# AUTORAS

## Ana Luiza de Souza.

Ana Luiza de Souza idealizou a Casa do Brasil em Florença em 2014. Terminou, em 1994, o Ensino Médio com o curso de Magistério no Brasil, onde ministrou aulas de alfabetização. Em 1998, formou-se em Artes Cênicas, e assim começou também a trabalhar como atriz em teatros no Rio de Janeiro. Em 1999, iniciou o curso de Letras Português - Italiano na UFRJ (Universidade Federal do Rio de Janeiro). Foi professora concursada no município do Rio de Janeiro, dando aulas de Língua Portuguesa no ensino fundamental e no ensino médio de 2001 a 2006. O percurso como professora de português, como atriz e o conhecimento da língua e cultura italiana lhe deram ainda mais motivação para continuar seus estudos. Em 2006, passou no concurso para o Mestrado em Disciplinas Teatrais na Universidade de Bolonha, na Itália. Ao se formar, continuou seu percurso com projetos culturais ligados à infância e a cultura em Florença. Com o nascimento do seu filho em 2011, voltou a dar aulas de português, prestando também consultoria a empresas que trabalham com o mercado comercial brasileiro. Atualmente, trabalha como Leitora (professora de língua portuguesa) na Universidade de Pisa, na Faculdade de Línguas e Literatura Estrangeiras.

## Cláudia Garwood.

Cláudia Garwood é formada no Brasil em Serviço Social com especialização em Psicodrama. Trabalhou como Assistente Social no Brasil na área de recursos humanos para empresas nacionais e multinacionais desenvolvendo trabalhos na área de segurança do trabalho. Mudou-se para a Inglaterra em 1998, onde trabalhou para o Condado de Camden, em Londres, como assistente social por mais de sete anos. Com o nascimento de sua filha, teve o desejo de vê-la crescer falando, lendo e escrevendo em português fluente, bem como tendo um contato maior com a cultura brasileira. Em 2014, fez o curso introdutório para professores de português oferecido pelo Instituto de Educação (IoE) da Universidade de Londres. Com essa experiência, acumulou mais conhecimento sobre o ensino de POLH, adquirindo as ferramentas necessárias para a criação da EBeCC (Escolinha do Brasil e Centro Cultural) em St Alban's.

## Christina Litran Maciel.

Christina Litran Maciel estudou Comunicação Social na Fundação Armando Álvares Penteado em São Paulo e Pedagogia Waldorf no Instituto Elo. Realizou trabalhos como arte-educadora em diversas escolas do Brasil e trabalhou como produtora na TV Cultura de São Paulo. Desde 2004, vive em Berlim, onde realiza atividades em português para crianças bilíngues. É mãe de uma filha bilíngue.

## Cíntia Godoy.

Cíntia Godoy estudou Letras e formou-se como professora de Alemão e Português na Universidade de São Paulo (USP). Em Freiburg, estudou Romanística, Germanística e Alemão como Língua Estrangeira e ministrou cursos de Português na Albert-Ludwig-Universität. Hoje, trabalha como professora de português e alemão em Berlim e desenvolve o projeto Canta Nenê: encontros de pais e crianças falantes de português. É mãe de três filhos bilíngues.

## Juliana Azevedo Gomes.

Juliana Azevedo Gomes é pedagoga pela Pontifícia Universidade Católica do Rio Grande do Sul, especialista em psicopedagogia educacional e mestre em Didática pela Universidade de Barcelona. Atualmente, é doutoranda em Didática da Língua na Universidade de Barcelona, onde investiga estratégias didáticas para o ensino do POLH em um contexto de línguas próximas. Tem interesse por pesquisas relacionadas à alfabetização e letramento, aquisição da linguagem, didática para língua de herança e identidade. É professora de PLE e de POLH na Associação de Pais de Brasileirinhos na Catalunha (APBC) desde o ano 2012.

## Leila Santos.

Leila Santos nasceu em Salvador e atualmente vive em Valdobbiadene, na Itália. A partir de 2007, passou a viver em Lisboa, onde iniciou o curso de Direito pela Universidade Lusófona de Humanidades e Tecnologias. Ainda em Portugal, conheceu seu marido, que é italiano. Em 2011, nasceu o seu primogênito. Em 2013, a família mudou-se para Itália, primeira razão que a fez entrar no universo do bilinguismo. Posteriormente, decidiu criar o Projeto Pirulito para promover a língua portuguesa e a cultura brasileira. O nascimento do seu segundo filho, em 2006, fotaleceu ainda mais o seu desejo de que os filhos cresçam bilíngues e se sintam brasileiros.

## Magaly Dias de Quadros.

Magaly Dias de Quadros é professora de português por vocação, casada com Marcos Alonso de Quadros e mãe de Ana Luiza Dias de Quadros. Mora em Dubai desde 2007, onde vive a realidade de manter a língua materna com sua filha. Esse desejo extrapolou o âmbito familiar e tomou forma de projeto, A Hora do Conto. Esse envolvimento fez com que ficasse ainda mais apaixonada pelo seu país a ponto de querer mostrar um pouco do Brasil para crianças brasileiras que vivem no exterior.

## Maria de Lurdes Santos Gonçalves.

Maria de Lurdes Santos Gonçalves é natural de Évora, Portugal, e reside em Berna, Suíça. É licenciada em Línguas e Literaturas Modernas, variante Estudos Ingleses e Alemães pela Faculdade de Letras da Universidade de Lisboa (1987), Mestre em Gestão Curricular e Doutorada em Didática de Línguas pela Universidade de Aveiro (2002 e 2011, respetivamente). É professora dos ensino básico e secundário e pertence ao Quadro de Nomeação Definitiva do Agrupamento de Escolas de Mira. Ao longo da sua carreira docente exerceu diversas funções, entre elas, diretora de turma, tutora, diretora de cursos profissionais, coordenadora da sala de estudo e chefe de departamento. Foi orientadora de estágios pedagógicos de alemão, no âmbito da formação inicial e tem desenvolvido vários projetos educacionais, tanto no âmbito da formação contínua, como de intervenção no contexto escolar. Desempenhou também funções de supervisão pedagógica das AEC (Atividades de Enriquecimento Curricular) de inglês no 1CEB. A par da atividade docente tem desenvolvido investigação no âmbito dos projetos de mestrado e doutoramento e tem participando em projetos de Investigação do CIDTFF (Centro de Investigação Didática e Tecnologia na Formação de Formadores) da Universidade de Aveiro, enquanto membro do LALE (Laboratório Aberto para a Aprendizagem de Línguas Estrangeiras). Tem partilhado o seu trabalho de formação e de investigação tanto através da participação em encontros científicos variados, nacionais e internacionais, como através da publicação de artigos científicos em livros, atas de congressos e revistas internacionais. Desde setembro de 2013, trabalha para o Camões, Instituto da Cooperação e da Língua, exercendo as funções de Coordenadora do Ensino Português na Suíça.

## Maria José Maciel.

Maria José Maciel é mestre em Linguística Contrastiva pela Universidade de Oslo, tradutora e intérprete juramentada de português - norueguês. Professora de PLE desde 1993 e educadora de POLH desde 2007 na Noruega. É membro do Conselho de Cidadãos no país e fundadora e diretora da organização Português sem Fronteiras, que se dedica à promoção da língua portuguesa e da cultura brasileira na Noruega.

## Miriam Müller Vizentini.

Miriam Müller Vizentini é paulistana, casada, mãe de dois filhos criados num contexto plurilíngue. Tem formação acadêmica em Psicologia pela PUC-SP (Bacharelado, Graduação e Licenciatura Plena) e cursos pela Escola Superior de Pedagogia de Zurique (PHZH). No Brasil, atuou como professora de Problemas de Aprendizagem e Desenvolvimento Infantil e na área de Orientação Educacional / Pedagógica em colégios de São Paulo. Mora em Baden, Suíça, desde 1990. Membro da Comissão Pedagógica Intercultural e da Secretaria de Educação do Cantão Zurique desde 2000, atua na coordenação pedagógica (criação do currículo, orientação e treinamento de professores, desenvolvimento de material didático) da ABEC (Associação Brasileira Educação e Cultura), da qual é co-fundadora, e como professora do curso Português Língua-Cultura de Herança/ POLH desde 1996. Atua também como mediadora cultural em escolas de Zurique e como professora de PLE. Fez apresentações perante a comunidade de professores de POLH pelo mundo: painel Currículo de POLH, no I Simpósio Europeu de Português como Língua de Herança (I-SEPOLH, ABRIR, Londres, 2013), ateliê Material Didático, no II Curso de Formação de Professores de POLH (Elo Europeu/MRE, Munique, 2014), ateliê ABEC: trabalho com classes heterogêneas no curso de capacitação de professores (Grupo Raízes, Genebra, 2015), painel "Construindo a grade curricular para POLH: expectativas x realidade - uma proposta vinda da prática em sala de aula", na II Conferência PLH (BEM, Nova Iorque, 2015), painel Formação de professores de POLH e coordenação da mesa sobe material didático, no Simpósio Europeu de Português como Língua de Herança (II-SEPOLH, Linguarte, Munique, 2015).

## Rita Dorneles.

Rita Dorneles é qualificada para lecionar em escola primária e graduada em Pedagogia com especializações em Magistério e Orientação Educacional. Filha de pai português do Minho e mãe brasileira da Bahia, cresceu entre o fado e o samba de uma maneira bastante multicultural. Embora a língua em casa fosse a mesma entre os pais, a pluralidade de vocábulos era constante, uma vez que vivia no Rio de Janeiro e transitava entre as variantes baiana da mãe, europeia do pai e carioca do seu próprio dia a dia. Vive na Inglaterra desde 2010, quando se mudou de Lisboa com a família para acompanhar o marido em uma transferência de trabalho. Descobriu o POLH através do website da ABRIR (Associação Brasileira de Iniciativas Educacionais no Reino Unido – www.abrir.org.uk / https://abrir10anos.wordpress.com), quando fazia pesquisas sobre escolas que oferecessem português. Através do contato com a ABRIR, chegou a várias escolinhas de POLH onde pôde aprender muito e pôde também desenvolver seu trabalho como professora. Tem experiência com o ensino de POLH para crianças e adolescentes, inclusive com a preparação para os exames de GCSE e A-Level em português na Inglaterra. Também oferece aulas particulares para crianças e jovens entre os 11 e 16 anos, preparando-os para os mesmos exames em Português. É colaboradora da ABRIR há 4 anos, organização que apoia como voluntária em eventos sociais. É coautora de um artigo acadêmico por convite da Dra. Ana Souza e participou do I e II SEPOLH (Simpósio Europeu de Português como Língua de Herança - www.sepolh.eu) como colaboradora da ABRIR, sendo uma das palestrantes no segundo evento como membro da ABRIR.

# Seção I

# Reflexões sobre o ensino de POLH

# APRESENTAÇÃO

## Discursos no ensino do português como língua de herança

Esta secção da obra inclui cinco capítulos com contribuições bastante diversas, que dão conta da complexidade do campo de estudos recentemente criado em torno do Português como Língua de Herança. Os seus autores abordam aspetos terminológicos e conceptuais, formativos e didáticos. A dimensão política (veja-se MELO-PFEIFER, 2015), apesar de não ser objeto específico das presentes contribuições, é referida de forma transversal.

A coletânea é iniciada com uma contribuição de Ana Souza, que discorre sobre diferentes designações usadas em estudos sobre língua de herança (LH). Como apontado pela autora, a designação de LH concorre ou co-existe com outras designações como "língua comunitária", "língua minoritária" (por oposição à "língua maioritária"), "língua materna" ou "primeira língua". Como sabemos, nenhuma designação é neutra e cada uma indicia conotações negativas e positivas (LITTLE, 2010; WILEY, 2014). O uso de cada um destes conceitos, mais do que fixo e estável, é indexado e depende das dinâmicas das biografias linguísticas dos sujeitos, assim como das dinâmicas próprias a cada comunidade de falantes na diáspora. Em outras palavras, LH pode evoluir para outros estatutos e adquirir diferentes matizes, sempre marcados pelo plurilinguismo dos sujeitos e pelas circunstâncias das suas vidas linguísticas (MELO-PFEIFER, 2017; MELO-PFEIFER & SCHMIDT, 2012 E 2017).

No Capítulo 2, Maria de Lurdes Santos Gonçalves discute questões relacionadas com a formação contínua de professores. Esta autora apresenta e discute dados concretos sobre a necessidade de implementar espaços semi-formais e informais de formação, em que os professores se sintam implicados nos próprios percursos, processos e produtos formativos. Esta necessidade parece ainda mais relevante quando, como no contexto do Ensino Português no Estrangeiro (EPE), os professores têm poucas oportunidades de discussão presencial com os seus pares.

Os autores convergem no reconhecimento da heterogeneidade do perfil linguístico dos aprendentes (que Hornberger coloca num *continuum* de biliteracias, 2003) e, por isso, na necessidade de desenvolver materiais e estratégias de ensino-aprendizagem adequadas e inovadoras, que promovam a consciência linguística e plurilingue dos sujeitos envolvidos. Um aspeto comum a contribuições de Juliana Gomes (Capítulo 3) e de Camila Lira (Capítulo 4) refere-se ao potencial atribuído à análise contrastiva e à intercompreensão no ensino-aprendizagem do português como língua de herança, colocando em destaque a importância da comparação interlinguística no desenvolvimento metacognitivo, metalinguístico e metapragmático do falante bilingue (ou plurilingue, como preferimos).

Com um foco específico na produção de materiais didáticos, Rita Dorneles, no Capítulo 5, retoma as reflexões do primeiro capítulo sobre a questão da Língua Portuguesa ser ou não uma herança. À parte o facto de poder ser considerada uma herança colonial, no Brasil tanto como em outros países colonizados por Portugal, e, por isso, com uma potencial conotação negativa (COELHO, 2016), o português pode ser considerado o legado da transmissão intergeracional em contextos de diáspora.

Os autores da secção na presente obra referem-se a "herança linguística e herança cultural brasileira", a "sentimento de pertença" e, na linha de O. García (GARCÍA & WEI, 2014), a "bilinguismo como herança". Dito isto, a herança desta transmissão intergeracional não se limita à língua como um sistema de regras e às habilidades comunicativas, incluindo também (e talvez *sobretudo*), um sentimento de pertença (ou bipertença) e de identificação com uma comunidade de falantes "deslocalizados" (os outros migrantes na diáspora) e com a comunidade do país de origem (os autores referem-se ao "ensino da brasilinidade" e à "identidade brasileira", que poderíamos alargar a outras comunidades). De facto, o vínculo afetivo é um dos traços constituintes da designada LH (MELO-PFEIFER & SCHMIDT, 2012).

Pela sua abrangência e atualidade, este conjunto de capítulos abre a oportunidade de refletir sobre três aspetos fundamentais no ensino-aprendizagem do Português como Língua de Herança. O primeiro refere-se à própria designação da Língua Portuguesa e à forma como o seu caráter pluricêntrico é (ou não) retratado; o segundo refere-se à noção de "língua" e, consequentemente, às fronteiras entre línguas nos repertórios linguísticos dos falantes bi- e plurilingues; finalmente, o terceiro aspeto a assinalar será o da noção de herança, cuja conotação balança entre o positivo e o negativo, quer no polo afetivo, quer no polo aquisicional.

**Profa. Dra. Sílvia Melo-Pfeifer**
Universidade de Hamburgo

# Referências.

COELHO, L. Português: língua de herança colonial – uma prática local. In: MELO-PFEIFER, S. (ed.), *Didática do Português Língua de Herança* (pp. 74-83). Lisboa: LIDEL, 2016. p. 74-83.

GARCÍA, O. & WEI, L. *Translanguaging. Language, Bilingualism and Education*. Hampshire: Palgrave Macmillan, 2014.

HORNBERGER, N. Continua of Biliteracy. In: HORNBERGER, N. (ed.), *Continua of Biliteracy: an ecological framework for educational policy, research, and practice in multilingual settings*. Clevedon: Multilingual Matters, 2003. p. 3-34.

LITTLE, D. *The linguistic and educational integration of children and adolescents from migrant backgrounds*. Brussels: Council of Europe. Disponível em www.coe.int/t/dg4/linguistic/Source/Source2010_ForumGeneva/MigrantChildrenConceptaper_EN.pdf. 2010

MELO-PFEIFER, S. Drawing the multilingual self: how children portray their multilingual resources. *IRAL-International Review of Applied Linguistics in Language Teaching*, v. 55, n. 1, p. 1–20, 2017.

_____ The role of the family in Heritage Language use and learning: impact on heritage language policies. *International Journal of Bilingual Education and Bilingualism*, v. 18, n.1, p. 26-44, 2015.

MELO-PFEIFER, S. & SCHMIDT, A. Portuguese and German repertoires perceived by Portuguese speaking children in Germany: a tale of two continua. *Journal of Multilingual Education Research*. No prelo.

_____ Linking "Heritage Language" Education and Plurilingual Repertoires development: evidences from drawings of Portuguese pupils in Germany. *L1 Educational Studies in Language and Literature*, n. 12, p. 1-30. Disponível em http://l1.publicationarchive.com/public?fn=document&id=2497&repository=1. 2012.

WILEY, T. The problem of defining heritage and community languages and their speakers: on the utility and limitations of definitional constructs. In: WILLEY, T.; PEYTON, J.; CHRISTIAN, D.;

MOORE, S. & LIU, N. (ed.), *Handbook of Heritage, Community, and Native American Languages in the United States* Oxon: Routledge, 2014. p. 19-26.

# CAPÍTULO 1

## O ensino de português brasileiro na Inglaterra: Uma língua de herança ou língua comunitária?

Ana Souza
Universidade Oxford Brookes

> **Originalmente publicado em inglês sob a referência**
> **Souza, A. (2016)** 'Is Brazilian Portuguese being taught as a community or heritage language?' in *Language Issues,* Summer, 27(1): 21-28.
>
> Traduzido por Luciana Paquet[3] para este volume com autorização.

## INTRODUÇÃO

A importância das línguas de herança foi tema do II Simpósio Europeu sobre o Ensino de Português como Língua de Herança (II-SEPOLH), na Universidade Técnica de Munique, Alemanha, em 2015. O Português é uma língua românica que evoluiu na Península Ibérica e estabeleceu a sua identidade linguística independente no século XIV. A língua portuguesa foi levada para a África, Ásia e Américas

---

[3] www.lucianapaquet.com

pelos portugueses colonizadores nos séculos XV e XVI. Consequentemente, Angola, Brasil, Cabo Verde, Guiné-Bissau, Moçambique, Portugal, São Tomé e Príncipe e Timor adotam, desde então, o português como língua oficial. No entanto, é no Brasil, com uma população de 204.450.659 habitantes[4], que vive a maior parte dos falantes desse idioma.

Alguns dos falantes de português brasileiro também são encontrados no Reino Unido, um país com um número significativo de imigrantes brasileiros. Portanto, este trabalho propõe examinar as questões históricas, políticas e sociais relacionadas com o status do português brasileiro neste país. Com este objetivo, as principais questões a serem abordadas no presente artigo são as seguintes:

(1) Quando foi que o português brasileiro se tornou uma das línguas utilizadas no Reino Unido?

(2) Como o português brasileiro está sendo ensinado no Reino Unido: como uma língua comunitária ou como uma língua de herança?

Este artigo começa com uma discussão sobre as terminologias adotadas em diferentes países para designar

---

[4] ftp://ftp.ibge.gov.br/Estimativas_de_Populacao/Estimativas_2015/estimativa_dou_2015_20150915.pdf (acessado em abril de 2016)

as línguas que os imigrantes trazem consigo. Essa discussão é posicionada no contexto da migração brasileira internacional que levou à presença de escolas brasileiras na Inglaterra. Apresento uma perspectiva histórica dessas escolas acompanhada por uma revisão da literatura sobre o seu desenvolvimento. Com o objetivo de superar os desafios que essas escolas encontram no contexto em que operam, foram documentados tais desafios e as redes que elas têm desenvolvido. Este artigo, apesar de reconhecer a função de apoio das redes atuais, identifica a necessidade de expandir aquelas focadas nos indivíduos, instituições e governos brasileiros, para incluir as escolas regulares inglesas e as escolas mantidas por outros grupos de imigrantes.

## TERMINOLOGIA - ALGUMAS DEFINIÇÕES

A revisão feita por Cummins (1983) sobre o ensino das línguas de alunos de grupos minoritários no Canadá, Estados Unidos e Europa entre 1968 e 1983 mostra que o ensino das línguas de herança começou pelo menos quarenta e oito anos atrás. Contudo, o termo *línguas de herança* foi usado pela primeira vez apenas em 1977, no Programa sobre Línguas de Herança em Ontário (CUMMINS 1983). O programa oferecia aulas de idiomas com o objetivo de promover a conscientização, o conhecimento e a expressão culturais entre estudantes de origem migrante. Em outras palavras, *língua de herança* refere-se à língua etnocultural de uma comunidade (CUMMINS 1983).

Foi apenas cerca de vinte anos mais tarde, no final dos anos 90, que os estudiosos acadêmicos americanos começaram a usar o termo *línguas de herança* (GARCÍA 2005). Segundo Wiley (2005), esse "[...] rótulo é usado para se referir às línguas dos imigrantes, dos refugiados e dos indígenas, bem como às antigas línguas de colonizadores" (p. 595). No entanto, Baker e Jones (1998 em WILEY 2005: 596) apontaram para o perigo de se adotar esse rótulo, já que pode ser interpretado por caracterizar fortes laços com o passado. Esse parece ser o caso da definição de Fishman (2001) ao apresentar uma língua de herança (LH) como sendo qualquer língua ancestral. Essa percepção de LH como algo velho é criticada por García (2005):

"Posicionar outras línguas além do inglês nos Estados Unidos como *línguas de herança* é, sem dúvida, olhar para trás. Refere-se ao que foi abandonado, em terras remotas, ao que está no passado do indivíduo. Ao deixar as línguas no passado, o termo *línguas de herança* evoca algo que alguém se lembra vagamente e, certamente, não algo que é usado no presente ou que possa ser projetado no futuro." (p. 601)

García (2005) faz essas críticas considerando o espanhol, um idioma com um papel ativo na rotina de milhões de falantes nos Estados Unidos que o usam lado a lado com o inglês. A autora afirma também que o bilinguismo é, na verdade, a herança relevante desses falantes. Portanto, a adoção, por parte do governo americano, de políticas linguísticas que têm uma perspectiva monolíngue impede a percepção do bilinguismo como sendo um patrimônio e, consequentemente, coloca as outras línguas além do inglês em desvantagem. Como diz García:

"Nos Estados Unidos, partimos dos dois isolamentos das nossas duas línguas no bilinguismo para um único isolamento em inglês, com sussurros em outras línguas. Nossas múltiplas identidades foram silenciadas, com uma identidade linguística reduzida à aquela da *herança*." (GARCÍA 2005: 605)

Entretanto, García reconhece que a utilização desse termo em um contexto educativo cria espaço para o uso de outras línguas além do inglês. Uma preocupação parecida para proteger as diversas heranças linguísticas e culturais também está presente na Constituição Europeia[5]. Contudo, o termo *língua minoritária* tende a ser mais amplamente utilizado na Europa do que *língua de herança* (DE BOT & GORTER 2005). Todavia, isso não significa que o termo esteja livre de críticas. Como mencionado por Arthur &

---

[5] Artigo I-3; ver *Perspectivas* http://europa.eu.int/constitution/index en.htm (acessado em março de 2016)

McPake[6], *língua minoritária* sugere um número limitado de falantes (o que contraria o estatuto oficial de certas línguas em outros países, como a portuguesa, que é falada por mais de 260 milhões de pessoas em todo o mundo[7]) ou ser menos valorizada em relação à língua maioritária (ou seja, a língua da sociedade anfitriã). Além disso, estes dois rótulos (*língua minoritária* e *língua de herança*) destacam as experiências linguísticas e culturais que os imigrantes trazem consigo, fator que poderia ser visto como ênfase a uma visão estática e essencialista da preservação das experiências passadas a serem transmitidas às gerações futuras.

Em contrapartida, Horvath & Vaughan (1991) destacam que, embora muitos imigrantes não tenham planos para abandonar a sua língua e tampouco sua cultura, não significa que estejam rejeitando a língua e a cultura do país anfitrião. Eles se referem a uma perspectiva mais multicultural que incide sobre o presente e o futuro da língua dos imigrantes no país anfitrião, na sua *língua comunitária*. Esse termo tem sido usado para designar línguas aborígenes e outras línguas além do inglês na Austrália desde 1975. Embora *língua comunitária* chame a atenção para o uso da língua partilhada em contextos sociais e culturais, esse termo tem

---

[6] http://www.naldic.org.uk/Resources/NALDIC/Initial%20Teacher%20Education/Documents/Whatarecommunitylanguages.pdf (acessado em março de 2016)
[7] http://observalinguaportuguesa.org/falantes-de-portugues-2 (acessado em março de 2016)

sido criticado por insinuar que os falantes compartilhem valores e padronização linguísticos, enquanto a língua descrita possa ter variantes controversas (ARTHUR & MCPAKE *op. cit.*). Apesar dessa crítica, *língua comunitária* é também um termo utilizado no Reino Unido, onde é descrito como "[...] línguas [...] usadas por comunidades de minorias étnicas [...] independentemente do seu nível de competência [...] [com as quais] sentem um vínculo emocional e que formam parte de sua herança e, portanto, de sua identidade" (ANDERSON & CHUN 2012: 21).

Independente do termo usado (vide resumo de definições no Quadro 1 abaixo), Blackledge e Creese (2008) defendem que as heranças linguísticas e culturais "[...] podem ser transmitidas, aceitadas, contestadas, subvertidas, apropriadas e negociadas" (p. 538). Em outras palavras, herança é parte de um processo dialógico de negociação de experiências sociais, culturais e linguísticas entre pais e filhos. Apesar disso, não se pode ignorar a forte influência que os Estados Unidos tiveram na terminologia sobre as questões da herança. O fato de os estudiosos acadêmicos brasileiros, e eu me incluo nesse meio, adotarem o termo língua de herança para descrever o ensino de português para crianças de origem brasileira sendo criadas no exterior ilustra isso.

| Terminologia adotada | Refere-se a | Ano | País | Aspectos positivos | Críticas | Fonte |
|---|---|---|---|---|---|---|
| Línguas de herança | Línguas etnoculturais de uma comunidade | 1977 | Canadá | - Promove consciência, entendimento e expressão cultural<br>- Cria espaço nos sistemas educacionais para outras línguas, além da língua local | - Enfatiza conexão com o passado<br>- Representa algo antigo<br>- Apresenta línguas de uma perspectiva negativa | Cummins 1983 |
| | Línguas de imigrantes, de refugiados e de indígenas<br>Línguas de colonizadores | Final dos anos 90 | EUA | | | Garcia 2005<br>Wiley 2005 |
| Línguas minoritárias | Línguas de grupos de imigrantes | | Europa | - Protege diversidade linguística e heranças culturais | - Sugere um número limitado de falantes<br>- Sugere que a língua tem um valor inferior<br>- Apresenta uma visão estática e essencialista | de Bot & Gorter 2005<br>Arthur & McPake s.d. |
| Línguas comunitárias | Línguas outras (não inglesa) e línguas aborígenes | 1975 | Austrália | - Permite uma perspectiva multicultural<br>- Foca no presente e no futuro das línguas no país anfitrião | - Implica em valores linguísticos compartilhados por todos seus falantes e ignora variedades linguísticas | Horvath & Vaughan 1991<br>Arthur & McPake s.d. |
| | Línguas usadas por comunidades de minoria étnica | | Reino Unido | - Foca em contextos culturais e sociais compartilhados | | Anderson & Chun 2012 |

Quadro 1 - Resumo das terminologias linguísticas usadas neste artigo.

## PORTUGUÊS BRASILEIRO EM LONDRES – UM CONTEXTO GERAL

A principal causa para o desenvolvimento do ensino das línguas de herança foi e é a migração. No Reino Unido, o ensino de português brasileiro como língua de herança – ao qual me refiro com a sigla POLH[8] (lê-se "pôl") - não é diferente. A migração brasileira para o Reino Unido começou no início do século XX com trezentos e noventa e duas pessoas nativas do Brasil aparecendo nos registros do censo de 1901 (KUBAL, BAKEWELL & DE HAAS 2011). Entretanto, foi só nos anos 80 que a migração brasileira se tornou significativa a nível mundial. A situação política e econômica do Brasil naquele período obrigou alguns cidadãos brasileiros a emigrarem em busca de oportunidades de trabalho no exterior. No entanto, uma parte natural do projeto migratório de um indivíduo é a possibilidade de poder regressar ao país de origem. O início da crise econômica mundial, em 2008, e as mudanças positivas na situação econômica do Brasil nessa mesma época contribuíram para tal característica de migração (o regresso) e desencadearam a volta de um grande número de emigrantes brasileiros para a terra natal. Entretanto, o

---

[8] Essa abreviatura foi usada pela primeira vez em 2011 pelo o Ministério das Relações Exteriores em um projeto para o desenvolvimento profissional de professores em parceria com a Sociedade Internacional de Português-Língua Estrangeira (SIPLE) e a Universidade de Brasília (UnB).

número de imigrantes brasileiros ainda é alto, acima dos três milhões (MRE 2015). No contexto europeu, o Reino Unido tem o terceiro maior número significativo de brasileiros, depois de Portugal e Espanha (MRE 2015).

A estimativa oficial brasileira mais recente indica cento e vinte mil membros no Reino Unido (MRE 2015), enquanto que estimativas não oficiais mostram um número duas vezes maior (EVANS, DIAS, MARTINS JR, SOUZA & TONHATI 2015). Em contrapartida, os números registrados pelo censo britânico de 2011 (ONS 2013) são menos da metade das estimativas oficiais brasileiras. Dentre as dificuldades em estimar esses números, é possível mencionar que vários imigrantes brasileiros possuem passaportes europeus e alguns são imigrantes indocumentados (EVANS et al 2015). Um ponto sobre a qual as estimativas brasileira e britânica concordam é que em Londres está concentrado o maior número de imigrantes brasileiros (EVANS et al 2015; ONS 2013).

Uma consequência do grande número de imigrantes brasileiros na capital inglesa é que o português brasileiro pode ser usado em todos os seus trinta e três bairros, nos mais variados tipos de serviços disponíveis. O número de brasileiros, juntamente com o tamanho razoável da comunidade de imigrantes de Portugal (BARRADAS, 2010), refletiram no censo escolar de Londres de 2012 (NALDIC[9]). Esse censo estimou mais de vinte e quatro mil alunos lusófonos frequentando escolas primárias e secundárias no Reino Unido, sendo o português a décima primeira língua mais falada entre alunos nas escolas de Londres (NALDIC *ibid.*). Muitos desses alunos também são matriculados em cursos de línguas após o horário escolar oferecidos pelo Instituto Camões[10] e pelas escolas comunitárias brasileiras (SOUZA & BARRADAS 2014).

## ESCOLAS COMUNITÁRIAS BRASILEIRAS NO REINO UNIDO – UM BREVE HISTÓRICO

As escolas comunitárias são também chamadas de escolas suplementares ou complementares. Como observado por Issa & Williams (2009), "a terminologia varia de acordo com as mudanças das funções e do modo como [as escolas] são vistas pelas comunidades que as dirigem" (p. vii). Em outras palavras, os três termos são utilizados no contexto britânico e tendem a realçar os diferentes aspectos das escolas. As escolas comunitárias notoriamente se concentram na manutenção da herança de um grupo, seja ela pela

---

[9] www.naldic.org.uk/research-and-information/eal-statistics/lang.xlsx (acessado em março de 2016)
[10] Instituto Camões é uma organização púbica integrada na administração indireta do Governo de Portugal. Em relação a questões de língua e cultura, o Instituto Camões é responsável pelo ensino do português europeu no exterior.

preservação do idioma, da cultura e/ou da religião. As escolas suplementares oferecem serviços que reforçam o trabalho das escolas regulares, tais como clube de tarefas escolares, estudos culturais específicos, ou outros tipos de apoio ao estudo; isto é, compensam uma deficiência do sistema regular. Em contrapartida, as escolas complementares recebem essa denominação porque têm como objetivo preservar as línguas e as culturas das comunidades que servem, com vista a complementar a educação formal oferecida pela sociedade que as acolhem. Assim sendo, as escolas complementares e regulares melhoram a qualidade umas das outras e contribuem para a aprendizagem e formação de identidade das crianças. *Comunitárias* é o termo adotado neste artigo para designar as escolas brasileiras por causa do seu foco na preservação de herança cultural e linguística. No entanto, os três termos (escolas suplementares, complementares e comunitárias) são utilizados indistintamente neste artigo a fim de refletir a escolha de termos dos autores aqui citados.

As escolas complementares na Inglaterra foram classificadas em três tipos (LI WEI 2006). As primeiras escolas complementares direcionaram os seus serviços para as crianças de herança afro-caribenha e abordaram especificamente os aspectos culturais desse grupo. No final dos anos 70 e início dos anos 80, houve o início das escolas complementares focadas nas tradições religiosas de famílias muçulmanas provenientes da Ásia e da África. Por volta do mesmo período, várias outras comunidades de imigrantes abriram escolas complementares para preservar sua herança linguística e cultural. A principal característica que essas instituições têm em comum é que são organizadas por grupos comunitários. A importância das escolas complementares para os grupos a que estão ligados é bem descrita por Parke, Drury, Kenner e Robertson (2002) na citação abaixo.

"Se o coração de qualquer comunidade é sua língua e cultura, então, no caso de grupos étnicos minoritários, as escolas de língua comunitária devem ser as artérias principais. Sem encontros organizados para manter as tradições de longa data, ou de fato desenvolvendo novas, a comunidade corre o risco de perder a sua essência. O papel da escola de língua comunitária é crucial para manter a comunidade viva e unida e aculturar e introduzir os jovens membros dessa comunidade nas práticas linguísticas e culturais estabelecidas. Para a maioria dos grupos étnicos minoritários, as escolas de línguas comunitárias representam os lugares distantes aos quais os membros sentem que pertencem. As escolas simbolizam o "lar" e proporcionam o ambiente para os membros se encontrarem, conversarem, lerem, comerem e festejarem, aqui na Grã-

Bretanha, onde eles também pertencem." (p. 216)

Essa ligação estreita entre língua, cultura e sentimento de pertencimento parece ser uma das razões pelas quais as escolas brasileiras e portuguesas sejam separadas. Além disso, a emigração portuguesa começou antes da emigração brasileira e Portugal foi o primeiro país lusófono a investir no ensino de português no exterior, nos anos 70 (SOUZA & BARRADAS 2014). As escolas portuguesas são agora organizadas pelo Instituto Camões, que foi criado em 1992, sob a supervisão do Ministério das Relações Exteriores português (BARRADAS 2010). No ano letivo de 2013-2014, mais de quatro mil alunos estavam matriculados nas aulas oferecidas pelo Instituto Camões em Londres (SOUZA & BARRADAS 2014). Contudo, o ensino do português europeu não teve impacto sobre o ensino de português brasileiro. A imigração brasileira começou muito mais tarde do que a portuguesa, assim como as atividades das escolas comunitárias brasileiras. Os imigrantes brasileiros têm valorizado o papel da língua portuguesa e da cultura brasileira em suas identidades e esforçam-se para organizar suas próprias escolas comunitárias. Essas escolas estão concentradas em Londres, tal como ilustrado no mapa abaixo, refletindo a estimativa de que mais da metade do número total de brasileiros no Reino Unido vive na capital inglesa (ONS 2013).

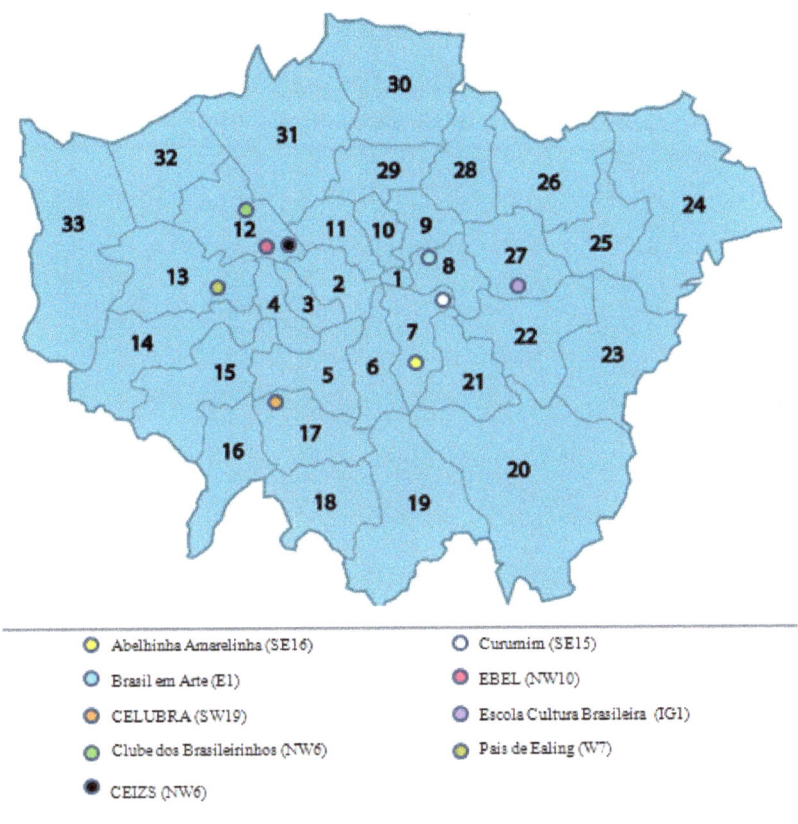

Figura 1 - Escolas comunitárias brasileiras em Londres[11]

Tal mapa revela nove escolas que estão ativas em Londres no momento da redação deste artigo. É igualmente relevante

---

[11] Mapa de Londres em https://en.wikipedia.org/wiki/List_of_London_boroughs (acessado em março de 2016). Embora a Wikipédia não seja uma fonte acadêmica, esse mapa é exatamente o mesmo utilizado por fontes oficiais, como em www.data.london.gov.uk. O mapa do Wikipédia foi selecionado devido a sua clareza visual. É também importante salientar que os pontos indicando a localização geográfica das escolas brasileiras foram acrescentados pela autora deste artigo, como a chave com o nome das escolas e seus códigos postais de Londres. As informações fornecidas são baseadas na informação disponível no site da Abrir (www.abrir.org.uk) e são confiáveis.

mencionar que mais cinco escolas[12] estão funcionando em outras partes da Inglaterra. Essas quatorze escolas fazem parte da ABRIR, uma associação que será discutida mais adiante. Além disso, existem outras três na Inglaterra e uma na Escócia que não estão ligadas à essa associação. Em suma, o Reino Unido testemunhou o crescimento das escolas comunitárias brasileiras, de uma em 1997 para dezoito em 2016, o que comprova que o número de escolas muda constantemente. Essa mudança pode ser positiva, quando novas escolas são abertas, bem como negativa, quando param as suas atividades. É sabido que pelo menos seis escolas de ensino de POLH fecharam[13] durante o mesmo período, ou seja, entre 1997 e 2016. Os desafios que podem ter levado ao encerramento das escolas comunitárias brasileiras são discutidos mais abaixo.

## ESCOLAS COMUNITÁRIAS BRASILEIRAS NO REINO UNIDO – UMA BREVE REVISÃO DA LITERATURA

Em 2003, NALDIC (sigla do inglês para Associação Nacional para o Desenvolvimento de Línguas no Currículo)

---

[12] ABRACE-UK (Crawley), EBeCC (St. Albans), Ipê Amarelinho (leste de Hertfordshire), ABCD (Woking), Clubinho Verde-amarelo (Reading).

[13] O Visconde (W3), Escola em Acton (W3), BCA - Brazilian Contemporary Arts (W6), Escola Portuguesa Suplementar, Escola Brasileira de Bromley (BR1) e Grupo Verde e Amarelo (SE9).

apresentou a primeira publicação sobre as escolas comunitárias brasileiras. Essa publicação é, na verdade, um resumo (SOUZA 2003) do primeiro estudo de doutorado sobre essas instituições no Reino Unido que foi completado três anos mais tarde, em 2006. Essa síntese aborda as contribuições positivas das escolas no desenvolvimento do senso de identidade de crianças de herança mista, nesse caso, crianças de mãe brasileira e pai de outra nacionalidade. Como citado no resumo, os resultados da pesquisa inicial mostraram que

"[...] ser bilíngue traz benefícios para crianças de casamentos entre cônjuges de nacionalidades diferentes. As crianças fazem, de modo natural, a ligação entre as línguas que as pessoas são capazes de falar e quem elas são. Promover o ensino de línguas comunitárias encoraja um sentimento positivo de identidade híbrida entre essas crianças. Algumas mães já estão cientes desses benefícios e organizam aulas de língua comunitária para seus filhos por meio das escolas de sábado." (SOUZA 2003: 1)

O estudo foi feito e um breve artigo sobre uma das suas conclusões foi publicado em uma *newsletter* para professores ingleses em 2007. Essa segunda publicação analisou mais de perto a relação entre a escolha linguística da criança e a identidade social. O ponto principal apresentado foi que estar familiarizado com os problemas que podem afetar o senso de identidade das crianças permite aos professores que façam avaliações mais corretas e entendam os

"[...] motivos das crianças e suas intenções ao fazerem suas escolhas linguísticas e [...] as identidades que elas querem assumir. Essas conclusões podem ajudar professores das escolas comunitárias a entender que a utilização de diferentes línguas em salas de aula não é um sinal de fracasso de sua parte ou da parte dos alunos. Em vez disso, pode ser uma maneira das crianças negociarem suas identidades nos diferentes grupos a que pertencem." (SOUZA 2007: 6)

Embora a migração brasileira para os Estados Unidos tenha se tornado significativa mais cedo e tenha sempre sido em maior número do que para a Inglaterra[14], as publicações acadêmicas sobre POLH começaram concomitantemente em ambos os países. Mota publicou o primeiro artigo sobre a socialização bilíngue de crianças de famílias brasileiras nos Estados Unidos em 2004. Sua pesquisa estudou crianças em dois contextos comunitários: em casa e na igreja. Mota (2004) observou que os pais brasileiros valorizam o papel da língua portuguesa nas vidas de seus filhos por duas razões principais: (1) o português é visto como um marcador da identidade brasileira e (2) pode ser um bem fundamental

---

[14] O censo demográfico brasileiro de 2010 mostra que 23,8% do total de imigrantes internacionais brasileiros estão nos EUA contrastando com os 6,2% na Inglaterra.

se/quando voltarem para o Brasil. Como consequência, os pais decidem incluir a utilização do português como o idioma de interação em casa e participar de cerimônias religiosas que adotam essa língua. O primeiro grupo que se tem registro que oferece ensino de português para crianças de famílias brasileiras nos Estados Unidos é a *Fundação Vamos Falar Português,* que começou as suas atividades na Flórida, em dezembro de 2004 (CARIELLO 2015), seis meses após a pesquisa de Mota. Portanto, ela não pôde examinar esse grupo. Entretanto, seu trabalho foi precursor ao mostrar a relevância do POLH e abriu caminho para os pesquisadores que vieram depois dela.

Os artigos acadêmicos começaram a mencionar as escolas comunitárias de português brasileiro nos Estados Unidos só em 2011, quando Santos (2011) explica que o reconhecimento de POLH como um novo campo de estudos fez a Universidade de Georgetown em Washington D.C. desenvolver laços com um grupo local a fim de proporcionar a formação de professores e desenvolver materiais didáticos. Lico (2011), que preside as atividades das escolas comunitárias de português brasileiro em parceria com a Universidade de Georgetown, salienta que as iniciativas para o ensino de POLH nos Estados Unidos são frutos do anseio dos pais em transmitir sua herança linguística e cultural aos seus filhos. O trabalho de Mota (2004) expressou o papel ativo que os pais exercem no ensino de POLH nesse país, bem como fez os estudos de Souza & Barradas (2014) no Reino Unido, onde a criação de redes também está presente.

## REDES – DESENVOLVENDO RELAÇÕES DE APOIO

As escolas comunitárias brasileiras enfrentam desafios semelhantes aos de outros grupos de imigrantes no Reino Unido ao organizar suas atividades. Um problema é o fato de elas estarem instaladas em uma variedade de locais. Os locais tendem a ser espaços compartilhados que são utilizados em outros dias para outros fins, tais como salões paroquiais, centros comunitários, bibliotecas públicas e escolas regulares (MARTIN, BHATT, BHOJANI & CREESE 2006). Locais compartilhados impõem uma série de dificuldades. As escolas geralmente não conseguem guardar seus próprios materiais nos espaços alugados ou emprestados, por exemplo. Muitas vezes, os espaços compartilhados são instalações muito básicas de apenas uma sala, com mesas e cadeiras. No caso de salas alugadas nas escolas regulares, é comum os professores das escolas comunitárias não terem permissão para acessar nenhum dos recursos didáticos, como por exemplo, as lousas interativas. O acesso aos recursos é, de fato, uma das principais dificuldades enfrentadas pelas escolas comunitárias, sejam elas brasileiras ou ligadas a outro grupo de imigrantes. Além desses fatos, Issa e Williams (2009) também destacam a tendência que essas escolas têm de não disporem de livros de apoio às suas lições - quando o fazem, esses livros tendem a ser trazidos de seus países de origem, e, portanto, são inadequados para o contexto de aprendizagem das crianças que vivem no Reino Unido.

Também existem limitações na formação dos professores que trabalham nessas escolas. Como os professores de português europeu (BARRADAS 2010), a maioria dos professores brasileiros que lecionam nas escolas comunitárias no Reino Unido foi treinada no exterior, nesse caso, no Brasil. Essa formação significa que eles não estão familiarizados, por exemplo, com problemas de bilinguismo e os desafios de trabalhar com uma classe de crianças com habilidades linguísticas em português e em inglês extremamente variadas. As necessidades de formação de professores em escolas comunitárias têm sido levantadas por acadêmicos (ver, por exemplo, Issa & Williams 2009) e sentidas por professores e pelas próprias escolas. Como consequência desses e de outros desafios, as escolas comunitárias brasileiras têm se organizado sob uma associação chamada ABRIR[15] (Associação Brasileira de Iniciativas Educacionais no Reino Unido), brevemente

---

[15] www.abrir.org.uk (acessado em março de 2016)

mencionada acima. Essa associação foi fundada em 2006 por um grupo de professores que estiveram envolvidos nas escolas comunitárias e tinham experimentado as limitações em que operam.

A nível local, a ABRIR desenvolveu parcerias com universidades em Londres, tais como o *Institute of Education*, a fim de oferecer formação que inclui a compreensão da lei britânica no que tange a proteção de crianças bem como uma análise do perfil dos alunos de POLH e como lidar com suas peculiaridades em termos de ensino e aprendizagem. A nível nacional, as escolas comunitárias brasileiras são apoiadas pela ABRIR através de workshops para pais e professores bem como supervisões pedagógicas, que envolvem ajuda com o planejamento e observação das aulas, e a reflexão conjunta sobre a execução das mesmas. No plano internacional, faz uso de mídias sociais, incluindo um site, um blog, contas no Twitter e Facebook e um canal no YouTube para oferecer livre acesso às informações sobre educação, bilinguismo e POLH, além de eventos culturais para professores, famílias e escolas no mundo todo. Internacional também é o vínculo desenvolvido com o Ministério das Relações Exteriores que desde 2008 organiza uma conferência intitulada Brasileiros no Mundo, um fórum para debater as políticas brasileiras destinadas aos brasileiros vivendo no exterior. A ABRIR representou as escolas comunitárias brasileiras no Reino Unido em todas essas conferências através da apresentação de relatórios destacando as necessidades desse grupo. Como um exemplo, o relatório enviado para a conferência de 2013, a mais recente na época da elaboração deste artigo, listou sete desafios principais enfrentados pelas escolas no Reino Unido: (1) falta de locais apropriados; (2) disponibilidade limitada de treinamento de professores e cursos de desenvolvimento profissional e de formação; (3) a inexistência de um currículo para o ensino de POLH[16]; (4) falta adequada de recursos e materiais didáticos; (5) alunos com habilidades linguísticas variadas; (6) necessidade de estimular a motivação dos alunos; e (7) a importância de desenvolver um maior comprometimento por parte das famílias que levam seus filhos para a escola e daqueles que coordenam as atividades escolares - alguns desses mencionados anteriormente neste artigo. O relatório também reconhece que esses sete desafios estão ligados principalmente à grande mobilidade das famílias, dos professores e à falta de recursos financeiros. Na verdade, o subfinanciamento e a falta de recursos têm sido relatados como um problema para escolas por outros grupos de imigrantes também (ver, por exemplo, Francis, Archer &

---

[16] Note que a Suíça (Cantão de Zurique) tem uma estrutura de ensino de línguas de herança que é adotada pelas escolas brasileiras naquele país.

Mau 2008).

A ABRIR também foi instrumental na criação de laços com escolas comunitárias brasileiras em outros países europeus. Em 2013, a ABRIR criou o SEPOLH, Simpósio Europeu sobre o Ensino de Português como Língua de Herança. Em sua primeira edição no Reino Unido, o I-SEPOLH reuniu cinquenta e três participantes de dez países diferentes. Inspirados com o evento, quatro dos participantes criaram o Elo Europeu de Educadores de Português como Língua de Herança – Elo Europeu, uma organização que objetiva a promoção do POLH na Europa e o intercâmbio de conhecimentos entre educadores de POLH. A segunda edição do SEPOLH aconteceu na Alemanha em 2015 e atraiu o dobro de participantes. Mais importante do que o tamanho dessas redes são o conhecimento e a experiência que são trocadas em apoio a todas as escolas e por todos os professores envolvidos.

Apesar dos resultados positivos advindos da formação dos vínculos locais, nacionais e internacionais desenvolvidos pelas escolas comunitárias brasileiras que estão ativas na Inglaterra, alguns dos nós da rede de ensino que elas operam ainda estão para ser ligados.

## REDES – NÓS A SEREM INTERLIGADOS

Esta seção começa explorando as três palavras chave do título: rede, nó, interligação. Para efeitos do presente artigo, rede é um grupo de pessoas e/ou instituições que se juntam para trocar o que é aqui referido como capital: informações, contatos, recursos, ideias para projetos e atividades. Cada um dos indivíduos e instituições nessa rede é um nó - ou seja, um ponto de referência que pode se conectar com outro ponto de referência (nó) para transmitir e receber capital criado por eles próprios ou por outros, bem como transmitir e receber capital reutilizado. No entanto, essa troca de capital só pode acontecer se os diferentes nós se conectam um com o outro dentro da rede existente, através da sua expansão e/ou a criação de vínculos com outras redes, ou seja, se estiverem interligados.

Como discutido na seção anterior, as escolas comunitárias brasileiras na Inglaterra têm se unido com sucesso em redes locais, criado vínculos com o governo brasileiro por intermédio do Ministério das Relações Exteriores e com escolas comunitárias brasileiras na Europa. Ou seja, as suas redes são limitadas a outros brasileiros e instituições brasileiras. Essas redes ilustram o ponto feito por Kenner & Ruby (2013) que "[...] escolas complementares [...] são raramente associadas com o ensino regular" (p. 396). O rótulo *escolas complementares* desencadeia uma expectativa de uma relação mais estreita entre ambos os tipos de escolas, como discutido anteriormente neste artigo. Portanto, a falta de conexão relatada por Kenner & Ruby (ibid.) é surpreendente. No caso das escolas brasileiras, a distância que existe entre elas e as escolas regulares é o que me levou a referir a elas como *escolas comunitárias*.

Por um lado, essa distância é em parte causada pelas escolas brasileiras que tendem a realçar a preservação de suas heranças linguística e cultural. A manutenção da herança de uma pessoa é muito importante para a formação de sua identidade e para o fortalecimento dos vínculos na comunidade (FRANCIS et al 2008, MOTA 2004, SOUZA 2003). No entanto, existem perigos em favorecer a manutenção da herança em detrimento da interação com a sociedade local. Um deles é a perpetuação nas escolas comunitárias - e por elas - do viés monolíngue e monocultural do sistema educacional regular frequentemente criticado. Os alunos de escolas comunitárias têm bagagens linguísticas e culturais diversas e múltiplas que precisam ser consideradas para a promoção de identidades positivas e boas experiências de aprendizado (ANDERSON & CHUNG 2012, GARCÍA 2005, SOUZA 2007). Em outras palavras, espaços poderiam ser criados nas escolas comunitárias para o uso tanto da língua comunitária quanto o da língua local, assim como para fazer referências a experiências sociais e culturais no país de origem, na sociedade local como um todo e na comunidade no país anfitrião.

Por outro lado, essa distância é criada pelas escolas regulares britânicas que tendem a excluir línguas e culturas minoritárias do seu currículo, apesar das crianças naturalmente aproximarem as experiências que vivenciam em suas comunidades com as que vivenciam na sociedade anfitriã. Kenner & Ruby (2013) reconhecem o potencial de parcerias entre escolas regulares e complementares para usar (e desenvolver) o repertório multilíngue e multicultural das crianças. Como consequência, desenvolveram um projeto em que os professores de ambos os contextos trabalham juntos para elaborar um currículo mais linguística e culturalmente diverso. Duas escolas primárias e quatro escolas complementares no leste de Londres trabalharam juntas para planejar aulas que abordaram tópicos ensinados em ambos os tipos de escolas. Kenner & Ruby (2013) relataram que a pesquisa prática feita por elas teve um impacto positivo nas experiências de aprendizagem das crianças nos dois tipos de escolas. Foi possível levar suas heranças linguísticas e culturais para aprendizagem nas escolas regulares, o que permitiu que conhecimento anteriormente oculto pudesse ser mostrado e valorizado, como observado pelos pesquisadores e registrado nas entrevistas com os professores. Kenner & Ruby (2013) também relataram a rica experiência que o projeto ofereceu para os professores de escolas complementares e regulares que puderam aprender sobre a perspectiva alheia. Em suas próprias palavras, "respeito mútuo e igualdade de apoio entre os dois setores são primordiais se forem verdadeiramente interligar os mundos das crianças para o benefício global de sua aprendizagem" (p. 414).

Apesar das possíveis vantagens de parceria entre as escolas complementares e regulares para a aprendizagem dos alunos, foi sugerido que essa possibilidade deveria ser tratada com precaução. Barradas (2010), por exemplo, menciona que a independência de escolas complementares para tomar decisões sobre seu conteúdo e metodologia de ensino pode ser ameaçada com essas parcerias, especialmente nos casos em que as suas atividades possam ser financiadas pelas escolas regulares, mesmo se apenas em parte. Outra preocupação levantada é a ameaça de futura inspeção do governo nas escolas complementares. Seddon et al (2006 *apud* BARRADAS 2010) adverte que um dos maiores trunfos das escolas complementares, ou seja, sua liberdade, pode ser afetada se os regulamentos forem impostos a elas - que também poderia ter um impacto negativo sobre a diversidade educativa. Infelizmente, cerca de dez anos após esse alerta, testemunhamos que a intenção do governo britânico é avançar com a implementação de inspeções de educação extraescolar, uma designação generalista sob a qual as escolas complementares se enquadram. A consulta[17] ocorreu entre novembro de 2015 e janeiro de 2016 com planos para a publicação dos resultados até o final deste ano.

Enquanto isso, parece relevante reconhecer o potencial das parcerias a serem desenvolvidas com escolas organizadas por outros grupos de imigrantes. Como discutido na seção anterior, os desafios enfrentados pelos diversos grupos são muito semelhantes e giram em torno de recursos financeiros e humanos. A oportunidade para aprender como outros grupos lidam com tais desafios só poderia contribuir para uma melhor gestão das atividades e prestação de serviços. Portanto, este artigo sugere ser este outro nó a ser integrado nas redes das escolas comunitárias brasileiras.

## CONSIDERAÇÕES FINAIS

Ao tratar a questão de o português brasileiro ser uma língua de herança ou uma língua comunitária (ver seção introdutória), este artigo reconhece que as alterações de terminologia acontecem de acordo com o contexto e as

---

[17] https://www.gov.uk/government/consultations/out-of-school-education-settings-registration-and-inspection (acessado em março de 2016)

ideologias que elas representam (ver Issa & William 2009). Portanto, os diferentes termos utilizados para descrever o ensino das línguas dos alunos oriundos de grupos minoritários na Austrália, Canadá, Inglaterra e Estados Unidos foram examinados tendo em vista considerar o mais adequado ao ensino de português brasileiro. O fato de as escolas brasileiras neste país visarem principalmente a preservação linguística e cultural posicionam-as em linha com o termo *escolas comunitárias* focadas no ensino de sua *língua comunitária.*

Esse ensino começou no final dos anos 90 e, portanto, é um fenômeno recente. Consequentemente, como explicado acima, o campo de ensino de português brasileiro para crianças com origem imigrante crescendo no exterior tem sido influenciado pelo trabalho desenvolvido anteriormente em outros grupos de imigrantes e levou o termo *língua de herança* a ser adotado pelos acadêmicos no Brasil. No entanto, García (2005) recorda as comunidades de imigrantes da importância de manter seu multilinguismo. Isso está relacionado com o fato de os indivíduos vivenciarem, simultaneamente, tanto a língua quanto a cultura em múltiplos mundos, o que deve ser incorporado nas experiências de aprendizado oferecidas por ambas, a comunidade e as escolas regulares (KENNER & RUBY 2013). Afinal, os imigrantes podem querer manter sua herança linguística e cultural ao mesmo tempo que podem desejar aprender a língua e a cultura do país anfitrião (HORVATH & VAUGHAN 1991).

Este artigo defende que a abreviatura POLH incorpora essas duas ideias. A forma completa do termo refere-se à *língua de herança* (LH). A palavra nova, POLH ("pôl"), é uma abreviatura do termo **Po**rtuguês como **L**íngua de **H**erança e, portanto, torna-se uma nova sigla adotada para representar as novas interações no país anfitrião. Desta forma, o POLH permite o processo dialógico das negociações que ocorrem entre (e pelos) pais e filhos no que tange suas experiências sociais, culturais e linguísticas em pelo menos dois países - seu país de origem e o país de acolhimento - a serem representados na sua perspectiva ideológica.

O próximo passo é analisar como tornar possível que as escolas comunitárias brasileiras trabalhando com o ensino de POLH no Reino Unido (e no mundo) entendam a importância desse processo dialógico e expandam suas redes para incluir escolas regulares (com cuidado no que tange os desafios analisados na seção anterior) bem como escolas complementares ligadas a outros grupos de imigrantes. A expectativa é que seu viés monolíngue e monocultural seja substituído por práticas de ensino e de aprendizagem multilíngue e multicultural que valorizem a diversidade das experiências simultâneas que seus alunos têm nas comunidades brasileira e inglesa.

## AGRADECIMENTOS

A autora agradece o convite para fazer a sessão de abertura do II-SEPOLH (www.sepolh.eu/arquivo/ii-sepolh), apresentação que serviu de base para este artigo.

## Referências

ANDERSON, J. & CHUNG, Y-C. Community languages, the arts and transformative pedagogy: developing active citizenship for the 21st century. *Citizenship Teaching and Learning,* v.7, n.3, p. 259-271, 2012.

BARRADAS, O. Linking community and mainstream schools: opportunities and challenges for Portuguese language and culture classes. In: V. Lytra & P. Martin (orgs) *Sites of Multilingualism: Complementary Schools in Britain Today.* Londres: Trentham, 2010.

BLACKLEDGE, A. & CREESE, A. Contesting 'Language' as 'Heritage': Negotiation of Identities in Late Modernity. *Applied Linguistics,* v.29, n.4, p. 533-554, 2008.

CARIELLO, B. 1, 2, 3 Vamos Falar Português. In : K. Chulata (org.) *Português como Língua de Herança – Discursos e percursos,* Lecce: Pensa, 2015.

CUMMINS, J. *Heritage Language Education: A Literature Review.* Toronto: Ontario Institute for Studies in Education, 1983.

DE BOT, K. & GORTER, D.A. European Perspective on Heritage Languages. *Modern Language Journal,* v.89, n.4, p. 612-616, 2005.

EVANS, Y., DIAS, G., MARTINS-JÚNIOR, A., SOUZA, A., & TONHATI, T. *Diversidade de Oportunidades: Brasileir@s no Reino Unido.* Londres: GEB/Queen Mary/Goldsmiths/Brookes, 2015.

FISHMAN, J. 300-Plus Years of Heritage Language Education in the United States. In: J. Peyton, D. Ranard & S. McGinnis (orgs.) *Heritage Languages in America.* McHenry, Il: CAL, 2001.

FRANCIS, B., ARCHER, L. & MAU, A. *British Chinese Pupils' Identities, Achievement and Complementary Schooling.* Universidade de Londres/Kings College, 2008.

GARCÍA, O. Positioning Heritage Languages in the United States. *The Modern Language Journal,* v.89, n.4, p. 601-605, 2005.

HORVATH, B. & VAUGHN, P. *Community languages: A handbook.* Clevedon: Multilingual Matters, 1991.

ISSA, T. & WILLIAMS, C. *Realising Potential: Complementary Schools in the UK.* Stoke-on-Trent: Trentham, 2009.

KENNER, C. & RUBY, M. Connecting children's worlds: Creating a multilingual syncretic curriculum through partnership between complementary and mainstream schools. *Journal of Early Childhood Literacy,* v.13, n.3, p. 395–417, 2013.

KUBAL, A., BAKEWELL, O. & DE HAAS, H. *The Evolution of Brazilian Migration to the UK – scoping study report.* Oxford: International Migration Institute, 2011.

LI WEI. Complementary Schools, Past, Present and Future. *Language and Education,* v.20, n.1, p. 76-83, 2006.

LICO, A. Ensino do Português como Língua de Herança: Prática e Fundamentos. *SIPLE*, v.1, n.2, 2011. Disponível em: <www.siple.org.br/index.php?option=com_content&view=article&id=177:2-ensino-do-portugues-como-lingua-de-heranca-pratica-e-fundamentos&catid=57:edicao-2&Itemid=92> Acesso em: 1 de novembro de 2015.

MARTIN, P., BHATT, A., BHOJANI, N. & CREESE, A. Managing bilingual interaction in a Gujarati complementary school in Leicester. *Language and Education,* v.20, n.1, p. 5–18, 2006.

MOTA, K. Aulas de Português fora da escola: famílias imigrantes brasileiras, esforços de preservação da língua materna. *Cadernos do CEDES,* v.24, n.63, p. 149-163, 2004.

MRE. *Estimativas populacionais das comunidades brasileiras no mundo,* Brasília: Itamaraty, 2015.

ONS. *2011 Census: QS213EW Country of Birth (expanded), regions in England, Wales,* 2013. Disponível em <www.ons.gov.uk/ons/publications/re-referencetables.html?edition=tcm%3A77-301985> Acesso em: 1 de maio de 2013.

PARKE, T., DRURY, R., KENNER, C. & ROBERTSON, L. Revealing invisible worlds: Connecting the mainstream with bilingual children's home and community learning. *Journal of Early Childhood Literacy,* v.2, n.2, p. 195–220, 2002.

SANTOS, V. O ABC do Português: Ensino do Português Como Língua de Herança nos Estados Unidos. *SIPLE,* v.1, n.1, 2011. Disponível em: <www.siple.org.br/index.php?option=com_content&view=article&id=175:1-o-abc-do-portugues-ensino-do-portugues-como-lingua-de-heranca-nos-estados-unidos&catid=57:edicao-2&Itemid=92> Acesso em: 1 de novembro de 2015.

SOUZA, A. & BARRADAS, O. Português como Língua de Herança: Políticas Linguísticas na Inglaterra. *SIPLE,* v.6, n.1, 2014. Disponível em: <www.siple.org.br/index.php?option=com_content&view=article&id=297:portugues-como-lingua-de-heranca-politicas-linguisticas-na-

inglaterra&catid=69:edicao-6&Itemid=112> Acesso em: 1 de novembro de 2015.

SOUZA, A. Children See Language as a Feature of their Ethnicity, 2003/2011. Disponível em <www.naldic.org.uk/Resources/NALDIC/Research%20and%20Informat ion/Documents/RS%20%20Souza.pdf> Acesso em: 1 de novembro de 2015.

SOUZA, A. Language and Identity in a Community Language School. *Community Languages Bulletin,* issue 20, Londres: CILT, 2007.

WILEY, T. The Reemergence of Heritage and Community Language Policy in the U.S. National Spotlight. *The Modern Language Journal,* v.89, n.4, p. 594-601, 2005.

# CAPÍTULO 2

## Observar e enriquecer-se, partilhar e desenvolver-se: Espaços (in)formais de desenvolvimento profissional docente

Maria de Lurdes Santos Gonçalves,
Camões, I.P. & Universidade de Aveiro

## 1. INTRODUÇÃO

À semelhança dos alunos, os professores são diferentes entre si, aprendem de modos diferentes, valorizam aspetos diferentes e entendem a realidade de modos diversos (MARCZELY, 1996). Nesta linha, cada sujeito entende a profissão e atua nela de diferentes modos, ao que não são alheias as suas conceções sobre a educação, a sua situação na carreira (GONÇALVES, 2009), ou o contexto no qual a profissão é exercida (FLORES ET AL., 2009), pelo que o desenvolvimento profissional (DP) assume características diversas para cada um.

Neste sentido, o reconhecimento da importância da individualidade do professor no seu processo de desenvolvimento, além de lhe conferir um papel de interveniente ativo na construção do seu conhecimento profissional (CP) para a compreensão e consequente melhoria educacional, também o responsabiliza por essa ação, que é simultaneamente individual e coletiva, porque em interação consigo próprio, nomeadamente com as suas práticas e representações, com os pares, e com o contexto (GONÇALVES, 2011).

Tradicionalmente, associa-se o DP docente à frequência e participação em espaços e oportunidades de formação contínua (FC), nas suas diversas modalidades, por exemplo, cursos de curta ou longa duração, oficinas de formação, círculos de estudos, seminários, colóquios, congressos, projetos educativos, entre outros. No entanto, a investigação na área da educação em línguas em Portugal revela que a FC, embora desafiando as práticas e representações instituídas e, muitas vezes apoiada em processos de investigação-ação (AUBUSSON ET AL., 2007), não se tem traduzido num incremento de práticas docentes transformativas e inovadoras (VIEIRA, MOREIRA & PERALTA, 2014).

Importa, pois, procurar outras formas para a FC, espaços que apoiem o processo de construção de conhecimento, espaços sustentadores de práticas de autoquestionamento e reflexão, constituindo-se, deste modo, oportunidades de DP, mas também modos de gerir o CP, modos de o experimentar, implementando-o; em suma, lugares para o discutir e meios para o partilhar e enriquecer. Neste sentido, é necessário encontrar formas para FC que sejam mais capazes de dar resposta aos problemas do quotidiano docente que preocupam os professores, ou seja, formas mais flexíveis, que autonomizem o processo formativo e que, simultaneamente confiram poder (*empowerment*) aos docentes, fortalecendo o seu CP. A somar a estas características, importa encontrar formas que se adequem aos contextos educativos específicos crescentemente diversos e multiculturais (GARCÍA ET AL., 2010; ZHAO, 2010), portanto mais complexos e exigentes. Neste texto, apresentamos e analisamos um espaço de formação configurado para contexto específico do Ensino Português no Estrangeiro (EPE) na Suíça, sob a tutela do Camões, Instituto da Cooperação e da Língua, de Portugal.

Apresentaremos, em primeiro lugar, um enquadramento teórico no que ao DP e FC diz respeito. Contextualizaremos e apresentaremos o estudo, dando conta dos contornos específicos do corpo docente do EPE-Suíça, bem como a metodologia de recolha e análise de dados seguida. Após a apresentação e discussão dos dados, refletiremos sobre a experiência formativa levada a cabo, problematizando até que ponto a experiência formativa conseguiu ser um lugar de partilha, discussão e enriquecimento, motivador de práticas inovadoras e transformativas. Concluiremos destacando o potencial inovador de espaços (in)formais de DP.

## 2. DEBATES GERAIS SOBRE FORMAÇÃO DOCENTE

### 2.1 Desenvolvimento Profissional

A atenção ao processo de construção do conhecimento profissional (CP) docente tem vindo a adquirir crescente importância pela necessidade de compreensão da sua complexidade. Na verdade, a centralidade da escola para a educação dos cidadãos e para a construção do futuro faz com que a atenção quer de investigadores quer de políticos para a sua melhoria se centre no desenvolvimento profissional (DP) docente, sendo este considerado fundamental para a mudança da escola e consequente melhoria dos sistemas de educação.

O DP traduz-se num processo de aprendizagem longo no tempo, e ao longo do tempo, assumindo essa aprendizagem naturezas diversas, formas igualmente diversas, baseadas em processos de investigação e reflexão sobre a prática, processos de aperfeiçoamento e de formação contínua (FC), que visam a transformação das competências profissionais (KORTHAGEN, 2009) e, consequentemente, das identidades profissionais.

Por conseguinte, pensar em DP na atualidade é pensar na construção do CP, a par do desenvolvimento do sujeito, uma vez que este ocupa a centralidade do processo de (des/re)construção do CP. Por outras palavras, a construção do conhecimento está intrinsecamente relacionada com o autoquestionamento do sujeito em relação ao seu conhecimento e à sua prática, e à sua vontade de enfrentar desafios, atualizando e reconstruindo o seu saber profissional. A construção do CP produz-se na relação do sujeito com a atualização e expansão do seu CP, e com o modo como o traduz na sua prática contextualizada. O modo como o sujeito gere esse processo de construção, integrando no seu quotidiano a operacionalização e discussão dessas experiências e aprendizagens, é uma característica importante da (des/re)construção do conhecimento, potencialmente reveladora de DP. Importa também salientar que o processo de aprendizagem que conduz ao DP envolve dois tempos de formação distintos, mas complementares: o tempo da observação e da análise, que envolve o distanciamento do sujeito em relação à sua prática, tomando-a como objeto de observação e análise; e o tempo da apropriação e da ação, que diz respeito à aprendizagem efetuada e à sua operacionalização e implementação na prática. Ambos os tempos de formação englobam e são fruto de espaços de aprendizagem e de trabalho tanto individual, como coletivo (GONÇALVES, 2011).

Consideramos que o conhecimento assim construído, fruto de um processo duplo de construção e gestão, no qual se inclui a interação com os pares e com o contexto, adquire consistência empírica e epistemológica e contribui para a afirmação profissional dos docentes e do seu sentido de empoderamento (GONÇALVES, 2011; PINHO ET AL., 2011). Correlativamente, as propostas de formação nesta linha respeitam e vão ao encontro da individualidade de cada docente, incluindo no espaço formativo um espaço de possibilidade, no qual se podem inscrever as conjunturas contextuais e pessoais, ajudando a concretizar ou a construir aspirações profissionais.

## 2.2 Formação Contínua

A FC de professores tem vindo a afastar-se de uma perspetiva de défice e de consumo, adotando uma perspetiva emancipatória de construção conjunta da formação e de CP, apoiando-se, para tal, em modalidades formativas promotoras da análise e questionamento das práticas em processos colaborativos, sustentados pelo trabalho individual e contextualizado (ESTRELA ET AL, 2005; ESTRELA & ESTRELA, 2006; GONÇALVES, 2011). Oficinas de formação, círculos de estudos e projetos didáticos são as modalidades formativas às quais, pela sua natureza, (mais longos no tempo, implicando a articulação entre teoria e prática, centrados nas práticas e nos contextos), estão associados processos investigação-ação (AUBUSSON ET AL., 2007), ou seja, processos que exigem do sujeito a capacidade de investigar a sua própria prática, construindo conhecimento a partir do autoquestionamento e da reflexão sobre essa mesma prática, bem como a capacidade de operacionalizar, implementar e gerir as aprendizagens efetuadas daí resultantes.

Assim, e no âmbito da educação em línguas, a FC tem vindo a valorizar competências de processo, no qual se incluem as competências não só linguísticas, culturais e interculturais, mas também digitais, sublinhando as competências de gestão flexível do processo de ensino e aprendizagem, que ajudem os docentes a operacionalizar abordagens mais personalizadas e enriquecedoras dos repertórios linguístico-comunicativos dos aprendentes, facilitadoras da abertura ao outro, num processo de construção e recriação de significado sobre o mundo e sobre si na relação com esse outro (PINHO ET AL., 2011).

Um estudo realizado sobre o potencial transformativo da investigação em educação em línguas entre 2006 e 2011 em Portugal (VIEIRA, MOREIRA & PERALTA, 2014), aponta para o facto das práticas parecerem não espelhar o percurso de inovação e transformação que tem vindo a ser construído. Interessa salientar que neste processo de inovação se incluem projetos de investigação desenvolvidos em articulação específica com o trabalho dos professores com os seus alunos em diversas escolas do país.

No que diz respeito ao ensino de português língua não materna, designação oficial que engloba o ensino e aprendizagem de português como língua segunda, português língua estrangeira (PLE) e português língua de herança, sendo este último o lugar onde nos inscrevemos, importa salientar que a investigação ainda é diminuta, sendo um campo de investigação ainda recente. No que à formação de professores diz respeito, o estudo de Vieira, Moreira & Peralta (2014) aponta para a necessidade de rever a forma como a FC é conduzida, pelo que este pequeno estudo poderá contribuir para a construção de conhecimento nesta área.

Pelo exposto, parece pertinente que a FC aposte num diálogo maior com os contextos escolares, ensaiando modos de ajudar os docentes a empreenderem desafios pedagógico-didáticos e a adotarem práticas mais inovadoras e transformativas, tradutoras do percurso investigativo e construtor de conhecimento, que tem vindo a ser efetuado na área da educação em línguas.

Pensar em outros modos para a FC, e de acordo com os resultados do um estudo desenvolvido no âmbito do DP em educação em línguas, com um grupo de cinco docentes ao longo de dois anos (GONÇALVES, 2011), poderá passar por tornar a experiência profissional em objeto de análise, sistematizando-a e fundamentando-a. Ou seja, modos de FC que explorem aspetos intrínsecos da prática de cada docente, dando-lhes forma e sustentação epistemológica para, a partir dela se poder evoluir e (re)construir o CP.

Importa igualmente explorar o potencial formativo da interação entre colegas, valorizando e destacando a importância do contacto e das trocas profissionais em espaços informais de interação, como Mahinney destaca *"informal, unstructured interactions in congregational spaces are critical to gaining collegial support and professional knowledge sharing*[18]*"* (2010: 977).

Para tal, parece-nos importante aproximarmo-nos da

---

[18] "as interações informais e não estruturadas em espaços congregacionais são fundamentais para o apoio colegial e a partilha de conhecimento profissional" (tradução da autora).

vivência profissional dos professores, escutar as suas vozes e conhecer as suas práticas em cada contexto e o modo como (re)constroem o seu CP em uso, o seu saber prático. Para muitos professores em exercício, a experiência constitui a fonte principal do seu CP (SHULMAN, 2004) e nesse saber experiencial incluem-se, naturalmente, as suas práticas e saber construído individualmente, mas também o saber construído nas trocas e interação profissionais com os colegas.

A proposta aqui apresentada, baseada numa estratégia de aproximação à vivência profissional, poderá constituir uma possibilidade de exploração de novos modos para a FC, apostando-se no saber profissional construído a partir da experiência dos docentes, da interação entre pares, valorizando-se os tempos formativos de observação e análise e de apropriação e ação, bem como os modos da construção individual e coletiva da aprendizagem profissional.

## 3. QUESTÕES ESPECÍFICAS EM RELAÇÃO AO ENSINO DE PORTUGUÊS NO ESTRANGEIRO (EPE)

### 3.1 Contexto

O Ensino Português no Estrangeiro (EPE) está ligado à história da emigração portuguesa, é da responsabilidade do

Governo Português e está presente nos países com grande número de emigrantes portugueses, em todos os continentes. Na Europa, destacam-se a Alemanha, Espanha, França, Luxemburgo, Bélgica, Reino Unido e Suíça, sendo este último país o nosso campo de análise.

O primeiro registo do EPE data de 1911, no Decreto-Lei 64-B de 15 de maio, e a constituição da primeira rede escolar no estrangeiro data de 1977. Em 1986, aquando da publicação da Lei de Bases do Sistema Educativo Português, o EPE é reconhecido como uma modalidade especial de educação. Esteve sob a tutela do Ministério da Educação Português até 2010, altura em que foi transferido para o Ministérios dos Negócios Estrangeiros, estando, no presente, diretamente dependente do Camões, Instituto da Cooperação e da Língua, I.P. (abreviadamente designado por Camões, I.P.). O corpo docente é recrutado em Portugal, possuindo todos os docentes formação académica e profissional adequada ao exercício de funções docentes.

A Coordenação do Ensino Português na Suíça, sob a alçada do Camões, I.P., é responsável pela organização do ensino de cursos de Língua e Cultura Portuguesas (LCP) na Suíça e no Liechtenstein e engloba uma rede de aproximadamente 85 docentes para cerca de 11.000 alunos, de idades compreendidas entre os 6 e os 18 anos, dos níveis A1 (nível inicial) a C1 (utilizador independente) de acordo com os níveis descritos no Quadro Europeu Comum de Referência para as Línguas (QECR, CE, 2001). As aulas funcionam nas escolas suíças, em regime paralelo, ou seja, após o final do ensino regular suíço. Desde 2013, no final de cada ano letivo, os alunos realizam exames por nível de proficiência, quando estes alcançam o perfil de saída definido nos termos do Quadro de Referência para o Ensino Português no Estrangeiro (QuaREPE). Estes exames são da responsabilidade conjunta do Ministério da Educação e Ciência, através da Direção-Geral da Educação, e do Ministério dos Negócios Estrangeiros, através do Camões, Instituto da Cooperação e da Língua, IP., e têm como objetivo reconhecer as aprendizagens dos alunos da rede do EPE.

## 3.2 Configuração do espaço de formação

Ao contrário da maioria dos professores integrados nos sistemas regulares de ensino, tanto em Portugal, como nos restantes países, no EPE-Suíça a possibilidade dos professores se juntarem nas escolas, na sala de professores, é realmente muito diminuta ou praticamente impossível, devido à dispersão do corpo docente pelo país e em diversas escolas.

Com efeito, os professores encontram-se espalhados pelos 26 cantões suíços e a grande maioria trabalha em escolas diferentes cada dia da semana, num horário de 22 a 25 horas semanais, lecionando duas a três horas por grupo, contabilizando cada docente entre 100 a 150 alunos.

A oferta de formação contínua (FC) para os docentes de língua de herança (LH) na Suíça é muito reduzida, senão quase inexistente (CÁLDERON, FIBBI & TRUONG, 2013). Neste contexto muito particular é importante salientar que o Camões, I.P. tem noção dos constrangimentos temporais e espaciais que se colocam a estes docentes, no que respeita à possibilidade de frequência da oferta formativa em Portugal. Por isso, tem vindo a apostar cada vez mais na oferta *online* e de *blended learning* (modalidade de ensino que reúne ensino presencial e a distância e se adequa às necessidades do aprendente). Para além desta possibilidade, também se aposta na oferta de formação específica a nível local, nos países onde exercem a profissão, inserindo-se neste âmbito a proposta de formação em análise.

Dadas as características específicas do corpo docente EPE-Suíça, tanto no que se refere ao local e condições de trabalho, bem como ao conteúdo de ensino, consubstanciado numa modalidade especial de ensino, nomeadamente o ensino de português como língua de herança, parece pertinente proporcionar momentos nos quais os professores possam conhecer e partilhar as práticas e saber experiencial dos colegas, beneficiando do potencial de construção de conhecimento que as interações podem oferecer.

Assim, tendo em conta os resultados do estudo de Mawhinney (2010) no que se refere às trocas de conhecimento profissional em espaços informais de interação, configurámos um espaço de formação contínua, concebendo-o como um espaço (in)formal de interação profissional promotor de DP. Foi nossa intenção, desta forma, reconhecer a importância de espaços de convívio, nos quais ocorrem interações não estruturadas, de modo a promover e facilitar a partilha de CP, visando potenciar e impulsionar o DP.

Entendemos espaços (in)formais de interação enquanto espaços, que embora revestidos de um formato semelhante aos contextos formais de formação, são compreendidos e experienciados pelos participantes como uma oportunidade para a partilha de experiências profissionais e também como um espaço de convívio. Além disso, são os próprios professores que animam os vários momentos formativos, através da dinamização de workshops, apresentando os projetos nos quais participam em sessões plenárias, ou através da exposição de pósteres sobre as atividades desenvolvidas com os seus alunos. Este espaço facilita a ocorrência de interações interpares mais ou menos estruturadas, sobre as práticas, as experiências pedagógicas, despoletando a reflexão sobre as mesmas. A grande diferença é que a maioria do programa é da responsabilidade dos docentes EPE e não, como nos espaços formais, da responsabilidade de especialistas convidados para o efeito.

O espaço de formação configurou-se numa *Jornada de Formação*, que decorreu ao longo de um dia. Dadas as características contextuais do EPE-Suíça apresentadas acima, a simples oportunidade de reunir todo o corpo docente num mesmo local durante um dia inteiro é compreendida como uma oportunidade de convívio com colegas. Esta oportunidade de convívio foi rentabilizada ao prever, como parte do evento, um momento de maior interação introduzindo um fator de descontração e revelação pessoal – *Troca de Sabores* – que se concretizou num piquenique à hora de almoço.

Dentro da configuração formal, a sua concepção previu o envolvimento ativo dos participantes, ou seja, os destinatários foram simultaneamente dinamizadores das atividades, incentivando, deste modo, a partilha e troca de conhecimentos e experiências. Excetuando a conferência de abertura, *Grandir bilingue: qu'est-ce que cela signifie?(Crescer bilingue: o que significa isso?)* proferida pela Professora Doutora Amelia Lambelet, da Universidade de Friburgo, que tratou diretamente a situação contextual dos alunos do EPE, o conteúdo da jornada de formação centrou-se no trabalho e no contexto dos docentes do EPE-Suíça, como referido acima, em três áreas da sua prática específica:

1. apresentação dos projetos em curso, desenvolvidos pelos docentes, salientando os seus objetivos, o trabalho já realizado e as perspetivas de trabalho futuro: Introdução de Cursos Facultativos de Português no Ensino Pós-Obrigatório do cantão de Genebra (em estreita colaboração com a Coordenação de Ensino e o Consulado de Portugal em Genebra); DIP *(Département d'Instruction Publique)-Portugal*, cujo objetivo é ajudar a integração dos alunos luso-descendentes no sistema escolar suíço; EOL *(École Ouverte aux Langues)* que se ocupa da sensibilização à diversidade linguística; e *Mocerelco*, com o objetivo de promover a colaboração entre os professores de Português Língua de Herança e os professores do ensino regular suíço;

2. pósteres elaborados pelos docentes EPE-Suíça abrangendo uma grande diversidade de atividades desenvolvidas com os alunos nos cursos de Língua e Cultura Portuguesas ao longo de um ano letivo, nomeadamente: 1 – Cantar Portugal; 2 – Palavras a voar; 3 – Ler em Português; 4 – Concurso: Uma aventura literária 2014; 5 – Klappentext; 6 – De Lausanne a Bern; 7 – Ateliê de S. Martinho; 8 – Visita de estudo a Lisboa; 9 – Europa Park; 10 – Cultura

portuguesa em Romont; 11 – Final de ano letivo; 12 – Laço de gerações; 13 – Concurso literário Raízes; 14 – Curso intensivo de Português – UNIL; 15 – Países de expressão portuguesa;

3. workshops (oficinas): 1 – Aula em contexto heterogéneo; 2 – *Un air de famille: la diversité langagière et culturelle au sein d'une classe régulière*; 3 – Escrita Criativa; 4 – Caderno *Impulse für das Schreiben in der Erstsprache*.

No final, procedeu-se a uma reflexão conjunta numa *Mesa Redonda* subordinada ao tema *Pensar o EPE e o seu futuro: valorizar e otimizar a aprendizagem da língua portuguesa*, cujos intervenientes foram selecionados tendo em conta a sua larga experiência no EPE na Suíça. A Mesa Redonda foi moderada por um docente em exercício de funções.

## 3.3. METODOLOGIA

### 3.3.1 Participantes

Os participantes integram o corpo docente do EPE-Suíça. A jornada de formação decorreu ao longo de 7 horas e contou com a presença de 74% do corpo docente da Suíça, num total de 71 participantes. Dado que os professores foram convidados a ter um envolvimento direto no conteúdo e na apresentação da Jornada, recolhemos dados dos dois grupos, que serão analisados separadamente. Identificamos os professores que estiveram diretamente envolvidos como "participantes ativos" (PA) e os professores que assistiram à jornada como "participantes receptivos" (PR).

Ao todo, o espaço de formação contou com 24 PA, distribuídos do seguinte modo: 15 docentes apresentaram pósteres, 4 apresentaram os projetos nos quais estão envolvidos e 5 dinamizaram workshops.

### 3.3.2 Recolha e tratamento de dados

Os dados recolhidos e analisados incluem um inquérito por questionário a todos os participantes (PA e PR), para avaliação da Jornada de Formação. O questionário incluiu questões fechadas sobre o espaço de formação, o desempenho dos participantes, as estratégias utlizadas, e quatro questões abertas, nas quais se solicitava a enumeração dos dois aspetos mais positivos e negativos; a apresentação de sugestões e ainda qual o contributo da formação em causa para o DP de cada docente.

Incluem-se ainda nos dados reflexões escritas orientadas, elaboradas pelos PA, nomeadamente os que elaboraram pósteres, os que apresentaram os projetos didáticos nos quais estão envolvidos, e os que dinamizaram *workshops*, num total de 20 reflexões[19], uma vez que quatro docentes não as entregaram.

Os dados recolhidos foram alvo de uma análise quantitativa e qualitativa, de acordo com a sua natureza (BODGAN & BIKLEN, 1994). O seu tratamento permite-nos aceder a duas perspetivas para a análise: uma análise da perspetiva da receção da formação através das vozes dos participantes receptivos (PR), e outra a perspetiva da dinamização da formação, através das vozes dos participantes ativos (PA).

### 3.3.3 Análise de dados

#### a) Perspetiva da receção da formação – participantes receptivos

Foram recolhidos 50 questionários. A resposta às perguntas fechadas foi efetuada através de escala de 1 a 5, sendo que 1 se refere a mau e 5 a muito bom.

Na perspetiva dos participantes, o espaço de formação contribuiu para o seu DP, mantiveram uma participação ativa e o clima foi favorável à troca de experiências,

---

[19] As reflexões dos professores foram numeradas e codificadas da seguinte forma: "R" para reflexão, seguindo-se a numeração por ordem crescente; "A" para as reflexões dos professores que fizeram apresentações, ex.: R01A; "P" para as reflexões dos professores que elaboraram pósteres, ex.: R01P; "W" para as reflexões dos professores que dinamizaram workshops, ex.: R01W.

concentrando-se as respostas dos participantes nos níveis *bom* e *muito bom* (Gráfico 1).

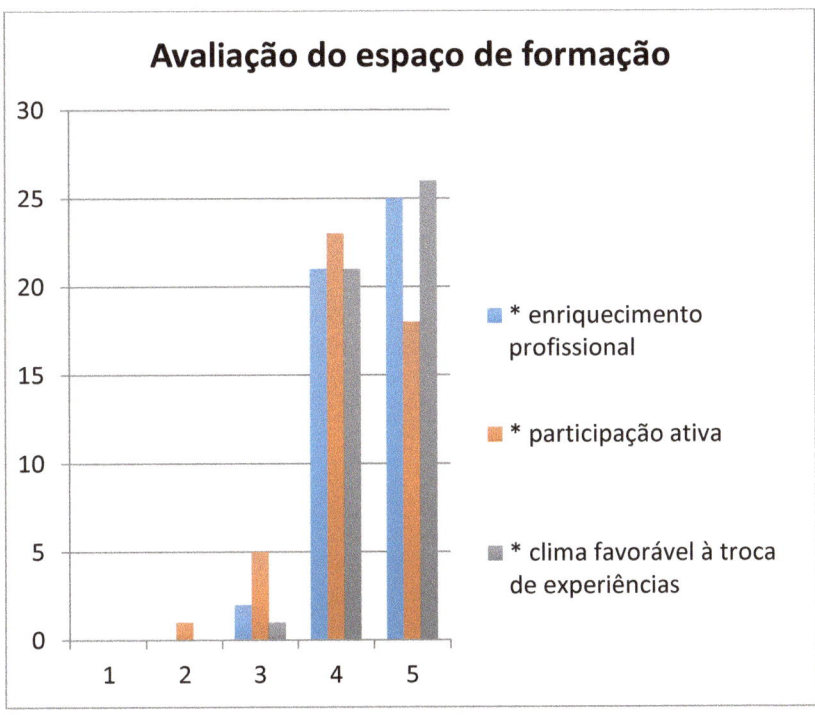

Gráfico 1: avaliação do espaço de formação

No que se refere ao desempenho dos dinamizadores, as respostas concentram-se nos níveis bom e muito bom. Portanto, os participantes consideram que a dinamização das atividades decorreu de forma adequada, com clareza em relação à perspetiva e conceitos científicos abordados e captando o interesse e atenção de todos os participantes (Gráfico 2).

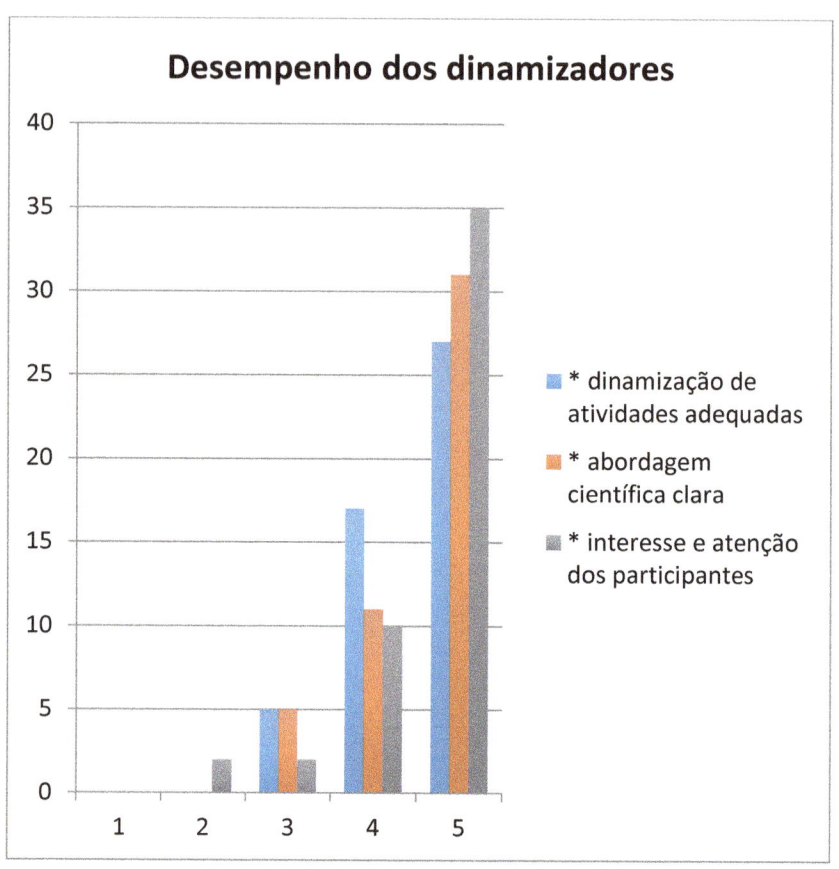

Gráfico 2: desempenho dos dinamizadores

As estratégias utilizadas no espaço formativo evidenciaram a coerência entre os temas e a sua apresentação, bem como a complementaridade entre teoria e prática. Foi promovida a participação ativa dos participantes, havendo espaço para questionamento e dúvidas e para análise crítica dos tópicos e práticas em discussão.

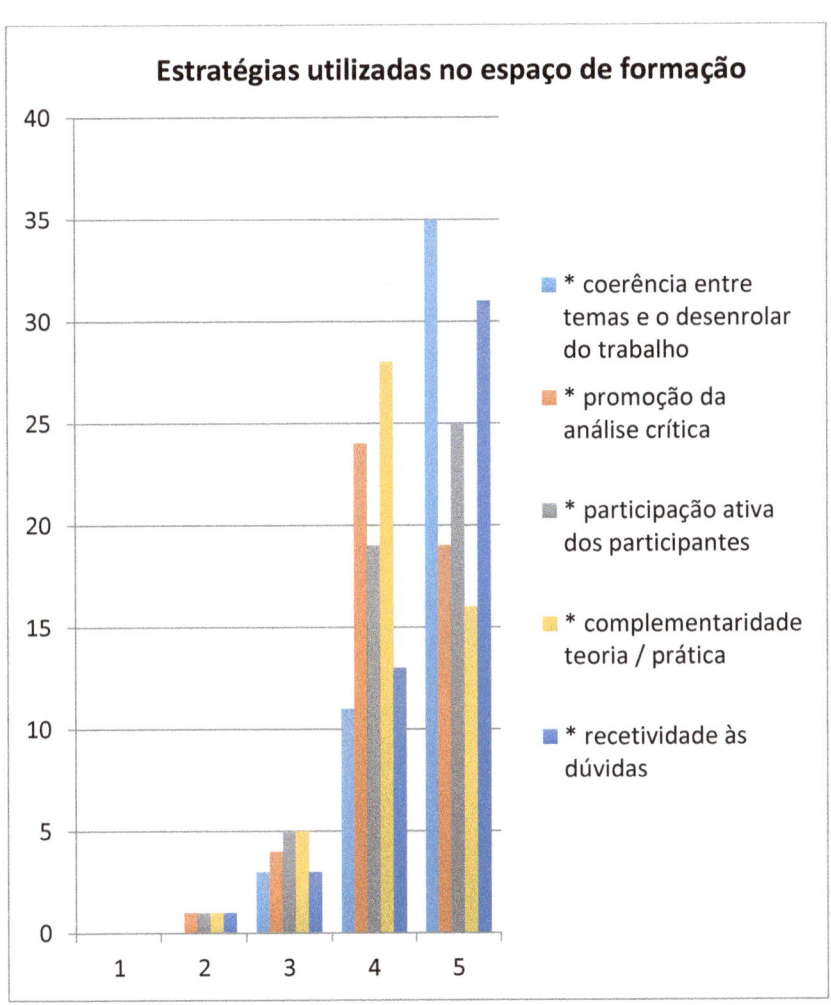

Gráfico 3: estratégias utilizadas no espaço de formação

No que diz respeito às respostas abertas, os docentes destacam como aspetos positivos: a possibilidade de partilha de práticas, nomeadamente a exposição de atividades, consubstanciada nos pósteres apresentados, troca de experiências e ideias e discussão entre pares (Gráfico 4).

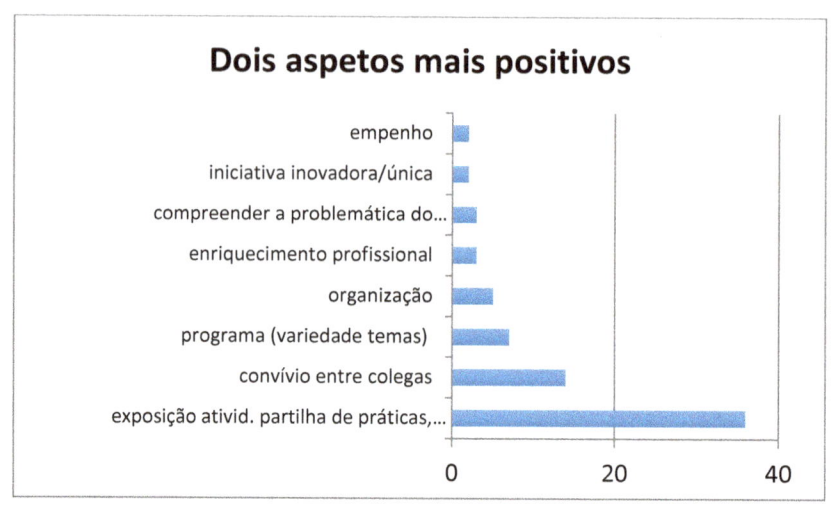

Gráfico 4: Dois aspetos mais positivos do espaço de formação

Os aspetos negativos destacados pelos participantes não atingem expressão significativa, como se constata no gráfico 5. Os aspetos que mais se destacam dizem respeito à data da realização da Jornada, um sábado durante a pausa letiva, e o local, uma vez que os docentes tiveram que se deslocar de toda a Suíça.

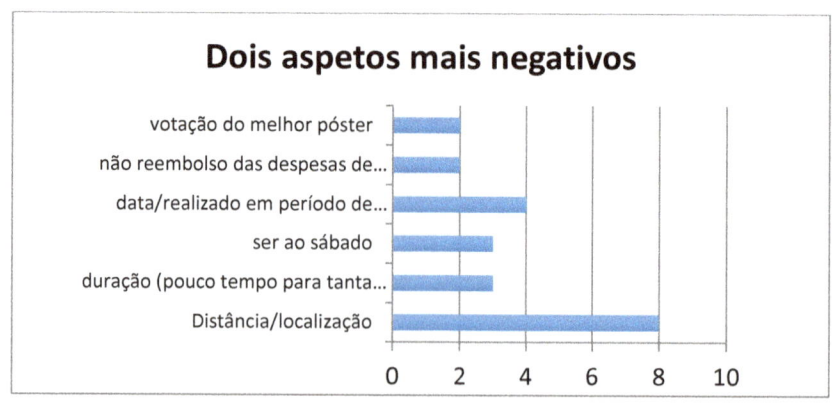

Gráfico 5: Dois aspetos mais negativos do espaço de formação

Quanto a sugestões apresentadas (Gráfico 6), os participantes mencionam vários aspetos, sem expressão significativa. O aspeto que se destaca é a vontade de voltar a repetir a experiência de formação, o que permite inferir a satisfação geral em relação à formação.

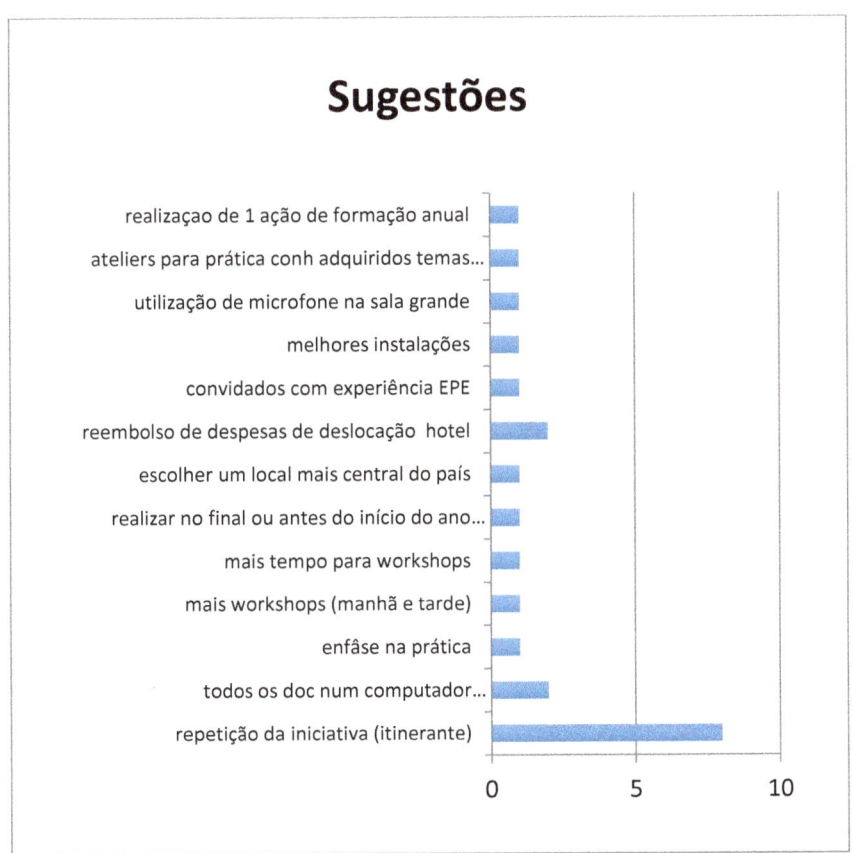

Gráfico 6: Sugestões apresentadas

Em relação às sessões formativas que mais gostaram (Gráfico 7), os participantes elegem os Workshops e a

Jornada de Formação na sua totalidade, não valorizando tanto a conferência de abertura, com características de teor mais académico e teórico.

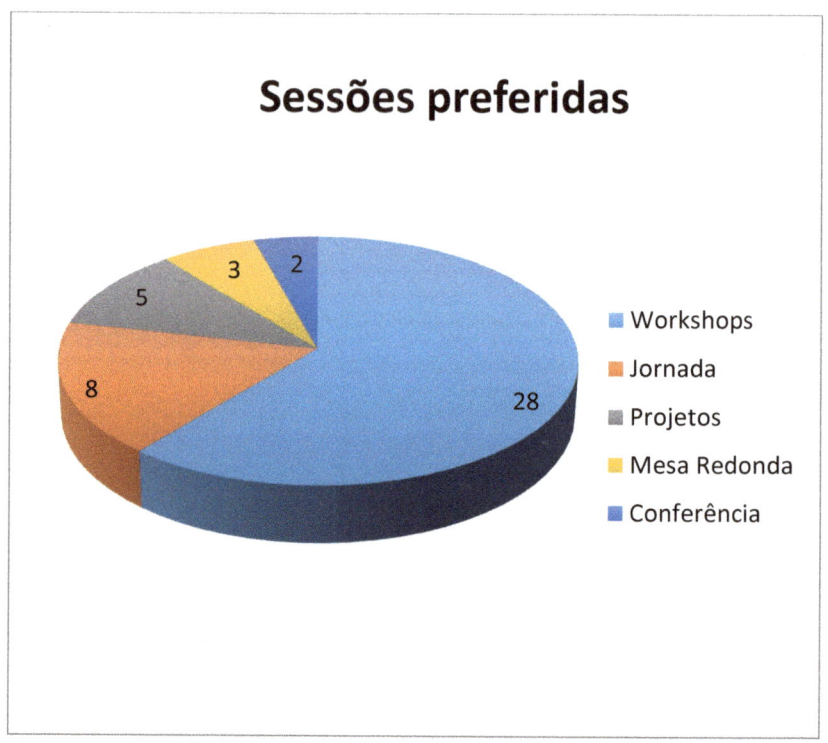

Gráfico 7: Sessões preferidas

Entre os contributos percecionados para o DP individual, os docentes destacam a partilha de práticas individuais, de experiências de ensino, estratégias e metodologias que, como também referem, contribuem para melhorar a prática pedagógica e os incentivam à implementação de ideias e experiências apresentadas pelos colegas, como ilustrado por um comentário no questionário 8: "Qo8 Esta jornada abriu-me novos horizontes para a prática profissional". Também de referir o facto de, desta forma, os docentes terem a possibilidade de conhecer os projetos que os colegas desenvolvem. Alguns referem também que este espaço de formação promoveu a reflexão tanto em torno de questões inerentes ao EPE, como sobre a própria prática, promovendo o autoquestionamento (Gráfico 8). Entre os contributos percecionados para o DP individual, os docentes destacam a partilha de práticas individuais, de experiências de ensino, estratégias e metodologias que, como também referem, contribuem para melhorar a prática pedagógica e os incentivam à implementação de ideias e experiências apresentadas pelos colegas, como ilustrado por um comentário no questionário 8: "Q08 Esta jornada abriu-me novos horizontes para a prática profissional". Também de referir o facto de, desta forma, os docentes terem a possibilidade de conhecer os projetos que os colegas desenvolvem. Alguns referem também que este espaço de formação promoveu a reflexão tanto em torno de questões inerentes ao EPE, como sobre a própria prática, promovendo o autoquestionamento (Gráfico 8).

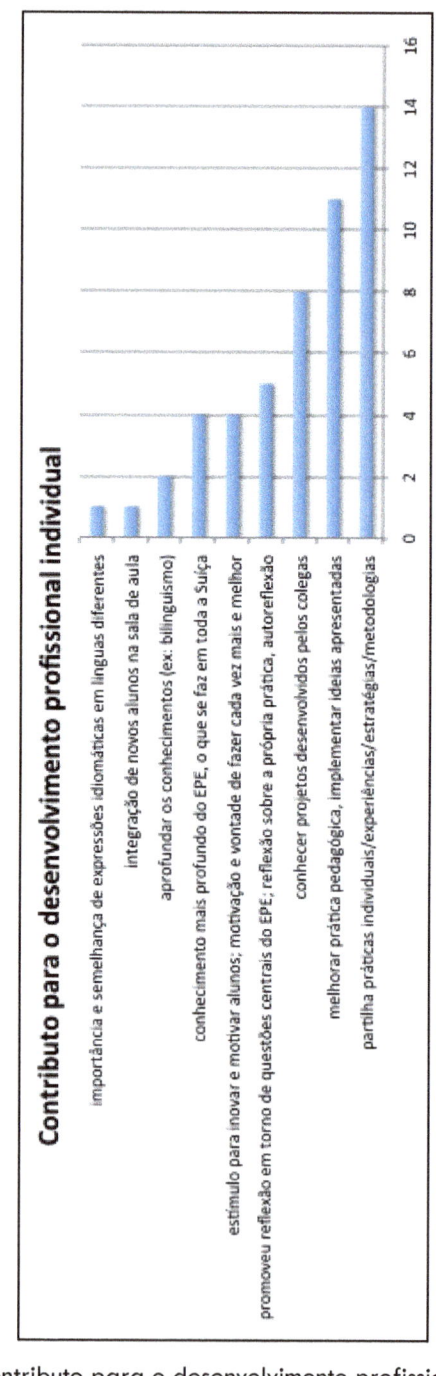

Gráfico 8: contributo para o desenvolvimento profissional individual

## b) Perspetiva da dinamização da formação – participantes ativos

Os docentes que participaram na dinamização da formação elaboraram reflexões escritas orientadas pelos seguintes tópicos: 1. principais dificuldades encontradas; 2. modo como foram ultrapassadas (fatores determinantes/condicionantes); 3. resultado final e 4. como o processo de elaboração do póster/preparação do workshop/preparação da apresentação do projeto contribuiu (ou não) para o desenvolvimento pessoal e profissional de cada docente.

As 20 reflexões foram alvo de análise de conteúdo (BARDIN, 2000), de acordo com duas categorias pré-definidas, seguindo a orientação dada. Para além das duas categorias pré-existentes, a análise de conteúdo fez emergir uma outra categoria que designámos *bem-estar profissional,* dado que diz respeito aos sentimentos experienciados pelos docentes resultantes de todo o trabalho desenvolvido. A tabela abaixo (Tabela 1) apresenta uma síntese das categorias de análise e respetivos indicadores.

| Categorias | | Indicadores |
|---|---|---|
| 1. Predefinidas | 1.1. Processo de execução da tarefa | - dificuldades<br>- estratégias de superação de dificuldades |
| | 1.2. Desenvolvimento profissional percecionado | - autoaprendizagem resultante da reflexão<br>- partilha de experiências e práticas pedagógicas<br>- aprendizagem pela partilha ativa e discussão |
| 2. Emergentes | 2.1. Bem-estar profissional | - autocapacitação<br>- reconhecimento<br>- pertença |

Tabela 1: Categorias de análise e indicadores

A análise dos dados indica-nos que, no que se refere à categoria 1.1, *Processo de execução da tarefa*, as dificuldades encontradas relacionam-se com a natureza da tarefa, nomeadamente: o facto de, pela primeira vez, os docentes serem confrontados com a tarefa (elaboração de um póster e/ou dinamização de um workshop); a seleção da informação pertinente, a sua síntese, organização e apresentação e, ainda, alguns constrangimentos no domínio das técnicas informáticas, como exemplificado pelos comentários abaixo: "O formato do póster foi uma novidade para mim, a consciência de algumas lacunas a nível informático provocaram-me alguma insegurança" (R10P); "a dificuldade prendeu-se com a síntese da informação, a organização do texto e das imagens de forma a que fosse esteticamente atrativo e de fácil leitura" (R11P); "organizar a apresentação de forma a esta ocupar, no máximo, 15-20 minutos" (R14A); "a nossa principal dificuldade foi, sem dúvida, a seleção dos tópicos e dos materiais a apresentar" (R20W).

Para ultrapassar as dificuldades sentidas na execução da tarefa, os docentes referem duas estratégias fundamentais. A primeira diz respeito à compreensão da tarefa exigida, tendo efetuado alguma pesquisa e desenvolvido estratégias de abordagem à resolução da tarefa, como por exemplo, começar por incluir tudo o que se considera importante numa primeira fase e, numa fase posterior, cortar o que não é essencial: "Depois de ler bastante sobre o assunto, tratei de compilar o que achava mais interessante transmitir, sem tornar maçador" (R19W).

A segunda estratégia diz respeito ao empenho, dedicação e perseverança no desenvolvimento da tarefa, que requereu capacidade de organização e gestão do tempo: "dificuldades foram superadas com empenho, perseverança e gestão do pouco tempo livre da docente" (R03P); o fator determinante foi sem dúvida a nossa grande vontade de fazer e de fazer bem" (R20W).

Outra estratégia sublinhada pelos docentes, no que se refere ao processo de resolução da tarefa, diz respeito ao apoio e monitorização constante do processo de trabalho dos docentes por parte da coordenadora pedagógica do EPE: "O diálogo, através dos emails trocados, desde o primeiro momento, foi primordial na ultrapassagem que todas as dificuldades (...) feedback, pertinente" (R02P); "apoio da Sra. Coordenadora foi fundamental, uma vez que orientou todo o processo e após a leitura do póster sugeriu as alterações a efetuar" (R03P); "propostas levadas a cabo pela nossa coordenadora contribuíram para que essas mesmas dificuldades tivessem sido ultrapassadas" (R04P); "enriquecido pela supervisão pedagógica da coordenadora que muito contribuiu para o seu aperfeiçoamento" (R05P); "trabalho colaborativo ao contarmos com a orientação/supervisão pedagógica da Senhora Coordenadora na construção de um juízo crítico/reflexivo sobre o processo e o produto final, com vista ao aperfeiçoamento e melhoria de práticas educativas" (R06P).

No que se refere à categoria 1.2, *Desenvolvimento profissional percecionado*, os docentes destacam três aspetos principais:

1.2.1. autoaprendizagem através da reflexão sobre o seu próprio trabalho: "O processo de elaboração dos pósteres proporcionou-me uma nova e diferente forma de rever as atividades realizadas / pessoal e profissionalmente, todo este processo foi muito enriquecedor" (R01P); "elaboração do póster obrigou-nos a uma reflexão acerca do nosso próprio trabalho" (R04P); "fazem refletir sobre as nossas práticas (...) incentivando a uma pesquisa e reflexão fundamentadas" (R05P); "instrumento de aprendizagem ao permitir-me construir um juízo crítico/reflexivo sobre a metodologia, instrumentos/materiais, estratégias de avaliação aplicadas" (R06P); "instrumento de aprendizagem / reflexão na melhoria de práticas desenvolvidas, e na perspetivação/planificação de práticas similares futuras" R07P); "(...) obrigou a uma reflexão sobre as atividades representadas" (R10P); "permitiu-me assumir um olhar mais exterior sobre o meu trabalho e estar mais consciente do trabalho desenvolvido" (R12P); "(...) trabalho serviu para refletir, para questionar as minhas práticas do dia-a-dia, para me motivar para a necessidade permanente de inovar (...)" (R17W).

A proposta de uma atividade que implica a reflexão conduziu também ao desenvolvimento de competências no domínio da organização, sistematização da informação e gestão do tempo: "transmitir muita informação de uma forma coerente, num curto espaço de tempo e considero que este trabalho ajudou a desenvolver, em mim, o sentido da organização e do rigor" (R14A); "ter tido a oportunidade de mais uma vez refletir /me questionar sobre a seleção da informação / sua pertinência / clareza da apresentação /

gestão do tempo..."(R16A); "(...) um instrumento de aprendizagem ao permitir-me, em grupo, construir um juízo crítico/reflexivo sobre a metodologia, instrumentos/materiais, estratégias de avaliação e de ação em prol da abordagem das línguas e do diálogo intercultural, nos diferentes contextos de ensino/aprendizagem" (R18W).

1.2.2. partilha de experiências e práticas pedagógicas: "descobri novas atividades que tenciono, futuramente, colocar em prática com os meus alunos" (R02P); "(...) conhecer projetos muito interessantes, atividades diversificadas as quais poderemos utilizar no futuro" (R03P); "como impulso motivador para a participação futura em outros projetos com os nossos alunos" (R04P); "(...) partilha poderá trazer novas práticas, novas ideias" (R05P).

1.2.3. aprendizagem pela partilha ativa, tanto a nível da apresentação e explicitação das próprias práticas, como através da observação das práticas dos outros e consequente análise e discussão entre pares: **R01P** "partilhar as minhas ideias com outros colegas. E é nesta partilha que avançamos e evoluímos enquanto profissionais (...)" (R01P); **R02P** "partilhar com todo o corpo docente algo da minha atividade letiva" (R02P); **R03P** "importante partilhar experiências e práticas pedagógicas com os colegas. Foi uma atividade pertinente e enriquecedora" (R03P); "importante estratégia de abertura das portas das nossas salas de aula e das nossas práticas letivas" (R05P); "instrumento de partilha de boas práticas de ensino" (R06P); "A partilha de ideias, sugestões, e experiências efetuadas foram pontos relevantes na aquisição de novos conhecimentos" (R08P); "colegas têm vontade de saber mais informações sobre a atividade" (R12P).

No que se refere à categoria emergente dos dados, 2. *Bem estar profissional*, destacam-se os seguintes indicadores:

2.1. empoderamento ou autocapacitação do sujeito resultante da satisfação com os resultados alcançados através do trabalho e empenho de cada um, o que lhe confere maior confiança no seu conhecimento profissional: "(...) Aumentou a minha autoconfiança nas minhas atividades realizadas com os discentes (...) fiquei orgulhoso ao ver o resultado final desta atividade exposto para apreciação de todos" (P02P); "O feedback que os outros professores me foram dando ao longo da jornada foi extremamente gratificante" (R12P); "O resultado final foi positivo e inspirador" (R13P); "o processo de preparação deste workshop contribuiu mesmo para o meu desenvolvimento pessoal e profissional, na medida em que me deu mais confiança e quem sabe até vontade em participar noutros workshops idênticos" (R19W).

2.2. reconhecimento e valorização do trabalho docente pelos

superiores hierárquicos: "em catorze anos de docência na Suíça, foi a primeira vez que um evento valorizou e promoveu o trabalho realizado com os nossos discentes / gratificou o meu trabalho, situação muito "rara" no nosso ambiente profissional" (R02P); "sentimos que, de algum modo, o nosso trabalho é reconhecido e valorizado" (R04P); "um novo alento acrescendo a motivação dos professores" (R05P); "o 'elixir', a motivação e inspiração necessárias para uma mudança de paradigma no desenvolvimento de uma prática educativa inovadora, criativa, geradora de novos conteúdos e saberes em prol do sucesso das aprendizagens dos nossos alunos" (R06P).

2.3. sentimento de pertença a um grupo: "desenvolver o espírito de camaradagem" (R03P); "sintamos mais perto uns dos outros" (R05P); "gostei de pertencer a esta grande equipa de EPE" (R09P).

A estes indicadores, junta-se a expressa vontade de repetir a experiência, que já tinha sido apontada nas sugestões incluídas no questionário respondido por todos os participantes: "ficamos com a vontade de fazer mais e melhor na próxima vez" (R01P); "e espero que a mesma se possa repetir no futuro" (R02P); "repetir no futuro" (R03P); este tipo de "iniciativas" deveria ser mais frequente (R05P).

Ainda em relação à categoria emergente dos dados, *bem-*

*estar profissional*, na qual se incluem: a presença de desafios, a satisfação sentida com o trabalho realizado, o orgulho, a motivação daí recolhida e a valorização profissional pelos pares e superiores; quisemos verificar a frequência da utilização das palavras que sugerem esse bem-estar. Embora a frequência da utilização destes termos no total de palavras utlizadas nas reflexões dos docentes seja inexpressivo, representando no seu conjunto 0,5%; parece-nos interessante analisá-los no que toca ao do seu peso relativo, no âmbito dos fatores indicadores de bem-estar na profissão.

A análise da frequência das palavras utilizadas destaca, por um lado, a satisfação pelo trabalho realizado (28%) e, por outro, a valorização desse trabalho pelos outros (28%), como exemplificado abaixo, no Gráfico 9.

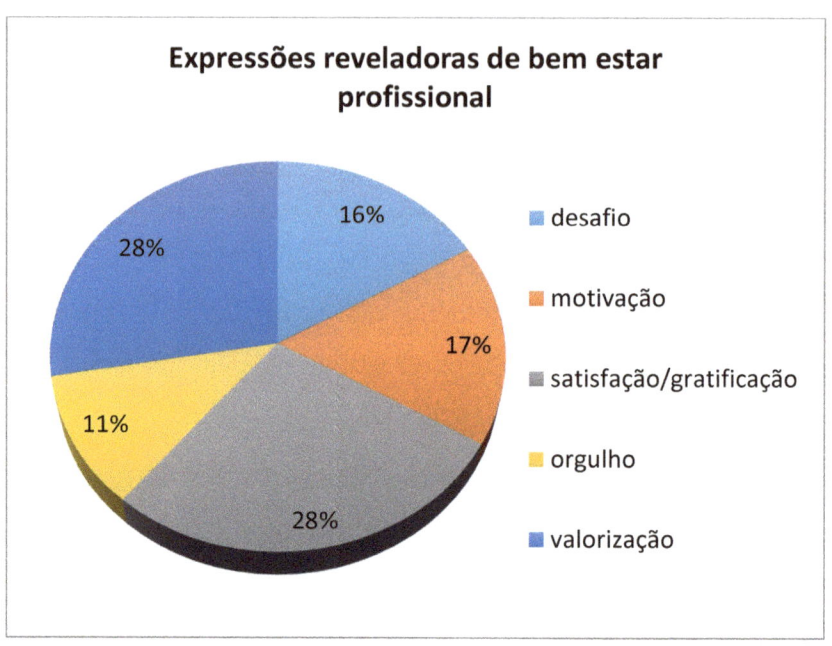

Gráfico 9: Expressões reveladores de bem estar profissional

Tendo estes dois indicadores (satisfação/gratificação e valorização) um peso significativo dentro dos fatores que contribuem para o bem-estar profissional, a valorização ou reconhecimento tanto do trabalho realizado pelos pares e pelos superiores hierárquicos; bem como os sentimentos de satisfação e gratificação, alimentadores da autoestima individual muito contribuem para um sentimento de capacitação dos docentes, confiando estes mais no seu CP, ficando, desse modo, mais motivados e predispostos para investir na profissão.

## 3.4 Discussão dos resultados

A experiência formativa levada a cabo no que configurámos como espaço (in)formal de formação, tendo seguido uma estratégia de aproximação à vivência profissional teve como ponto de partida a prática de cada docente no seu contexto específico de atuação que, de acordo com os dados, contribuiu para o *empowerment* docente.

Os docentes foram convidados a intervir diretamente na preparação e dinamização do espaço formativo. A tarefa solicitada – apresentação de um projeto, elaboração de um póster, dinamização de um workshop – entendida por muitos como um desafio, despoletou a necessidade de refletir, pesquisar e desenvolver novas competências para a resolução da mesma. Este espaço de formação constituiu uma oportunidade para construir um olhar externo, mais distanciado dos professores em relação à sua prática. Deste modo, a prática, as atividades já desenvolvidas e implementadas tornaram-se objeto de análise, reflexão, sistematização e, em alguns casos, fundamentação conceptual, aliando-se a teoria à prática para melhor preparação da partilha com os outros colegas.

Por outro lado, e tendo em conta que apenas um terço dos docentes se envolveu diretamente na preparação e dinamização da Jornada de Formação, o facto de esta contemplar dois tempos de formação, um de observação e análise, e outro de apropriação e ação, assegurou oportunidades de DP para todos os participantes. No que se refere aos PR, assegurou-se o tempo de observação e análise. Estes tiveram oportunidade de observar e analisar as práticas dos colegas, tanto nos pósteres apresentados, como nos workshops dinamizados, consubstanciando uma aprendizagem profissional pela partilha e subsequente análise e discussão das práticas e experiências pedagógicas partilhadas. No que se refere aos PA, estes foram desafiados a ativar e a desenvolver competências individuais específicas presentes no tempo de observação e análise (análise da sua prática para selecionarem o objeto de partilha e compreensão da tarefa proposta) e no tempo de apropriação e ação, envolvendo a capacidade de síntese, organização, apresentação e fundamentação para a consecução da tarefa específica.

A consideração destes dois tempos de formação criou um espaço de potencial formativo, indicando os dados que os docentes o percecionaram como tendo contribuído para o seu DP. Pensando no contexto específico deste corpo docente, caracterizado pela dispersão, o tempo de formação e interação foi rentabilizado e, à semelhança do que descreve Mawhinney, "Teachers internationally are using their limited time interactions to work on strengthening their practice[20]" (MAWHINNEY, 2010: 976), ficou a sensação de se ter aprendido muito em pouco tempo, como refere um docente num comentário do questionário: Q27 *fizemos muito em pouco tempo*.

Por conseguinte, podemos dizer que a análise dos dados recolhidos sugere que o desenho e conceção desta Jornada de Formação enquanto espaço (in)formal de DP contém um potencial inovador em relação aos seguintes aspetos:

1. capacidade de dar resposta aos problemas que preocupam os docentes, dado que se centrou nas práticas individuais dos docentes, na realidade contextual, e em projetos desenvolvidos no seu âmbito;

2. oferta de um processo formativo mais flexível e autonomizador, uma vez que foi dada a possibilidade a cada docente de decidir sobre a sua participação, mais recetiva (enquanto participante), ou mais ativa (enquanto dinamizador), bem como sobre o que apresentar e colocar como tópico de análise e discussão alargada. Embora dentro de um formato específico (póster, projeto ou workshop), a cada docente foi dada a oportunidade de desenvolver competências, refletir sobre as próprias práticas, tendo sempre ao seu dispor uma monitorização individual e apoio

---

[20] "Internacionalmente os professores aproveitam o seu limitado tempo de interação para fortalecer a sua prática." (tradução da autora).

durante o processo de execução da tarefa, identificado nas reflexões escritas como fator importante durante o processo de reflexão sobre a prática para preparação do trabalho a apresentar. Esse apoio foi ao encontro das necessidades específicas de cada docente, respeitando os seus tempos e modos de aprendizagem, dando-lhe o apoio necessário, contribuindo, desta forma, para o desenvolvimento de competências de autoformação, por conseguinte, autonomizando o processo formativo;

3. atribuição de poder (*empowerment*) aos docentes, fortalecendo o seu CP, e aumentando a sua autoconfiança em relação ao mesmo. Neste âmbito, é importante salientar os vestígios do sentimento de bem-estar na profissão, aliado ao reconhecimento pelo trabalho desenvolvido sentido por estes professores, e ainda à possibilidade de desenvolvimento de um sentimento de pertença a um grupo, a uma identidade partilhada (NORTON, 2014), que dadas as características contextuais é muito difícil construir e manter.

## 4. CONCLUSÃO

Este estudo aponta para o potencial inovador de espaços (in)formais de DP. A experiência formativa levada a cabo foi concebida numa estratégia de aproximação à vivência profissional e configurada num compromisso entre formação formal e informal, entendida tanto como espaço de trabalho e formação, como espaço de convívio entre os docentes. O formato concebido para a FC ofereceu a possibilidade de observar práticas docentes dos contextos específicos do grupo docente e, desta forma, enriquecer o CP de cada um, bem como a possibilidade de partilhar e discutir práticas individuais e, desta forma, promover o DP.

A experiência revelou-se adequada ao contexto específico do EPE-Suíça, para o qual foi desenhada. Porém, e apesar da motivação sentida pelos participantes, levando-os a sugerir mais iniciativas deste tipo, importa questionar qual a contribuição desta experiência no DP dos professores de LH, para que a aprendizagem deste modo construída se possa traduzir em práticas docentes transformativas e inovadoras.

Consideramos o resultado dos dados analisados encorajador, e este espaço (in)formal pode ser entendido como um primeiro passo para o início de um percurso em que é necessário um trabalho consistente e sistemático de análise e questionamento das práticas por parte de todos os docentes. Isso envolve um trabalho ao nível das representações tanto das práticas profissionais, como de cada docente enquanto profissional, que este espaço apenas aflorou.

Pensamos que o percurso a desenhar e a concretizar se inscreve no âmbito da liderança educativa (DIPAOLA & HOY, 2014: viii), cabendo a responsabilidade de incentivar e alimentar espaços (in)formais de formação e interação profissional à coordenação do EPE, divulgando os objetivos comuns, monitorizando o desempenho, dando feedback acerca do ensino e da aprendizagem. Esta poderá ser uma das formas de promover o DP de todos, desenvolvendo as competências de trabalho em conjunto, de uma forma a melhor responder ao desafio do EPE no apoio à construção da identidade das crianças e jovens que aprendem Português como Língua de Herança, como espelhado no comentário seguinte:

*R14A "Na minha opinião, ser docente do EPE não é simplesmente um trabalho, mas uma missão. O nosso trabalho não é apenas transmitir conhecimentos, mas fazer tudo o que está ao nosso alcance para que as crianças e as suas famílias tenham uma boa autoestima, para que o seu processo de integração se faça de uma forma rápida e natural.*

Práticas inovadoras de formação contínua no âmbito do ensino de LH valorizadoras do conhecimento experiencial dos docentes e que procuram respostas a situações específicas têm a capacidade de introduzir no presente o futuro, respondendo e antecipando desafios. Todavia estas práticas precisam de apoio concreto e explícito, bem como do reconhecimento do trabalho desenvolvido. Este projeto constituiu um pequeno contributo nesse sentido.

## Referências

AUBUSSON, P.; STEELE, F.; DINHAM, S. & BRADY. L. Action learning in teacher learning community formation: informative or transformative? *Teacher Development.* 11, 2, pp. 133-148. 2007.

BARDIN, L. *Análise de Conteúdo*. Lisboa: Edições 70. 2000.

BODGAN, R. & BIKLEN, S. *Investigação Qualitativa em Educação*. Porto: Porto Editora. 1994.

CÁLDERON, R.; FIBBI, R.; TRUONG, J. *Situation professionnelle et besoins en matière de formation continue des enseignant-e-s des cours de langue et culture d'origine.* Neuchâtel: Université de Neuchâtel. 2013.

CCPFC (Conselho Científico-Pedagógico da Formação Contínua de Professores) *Relatório de Atividades 2014*. 2015. Disponível em http://www.ccpfc.uminho.pt/Uploads/DocsCCPFC/2015/Relatório%20 2014.pdf

ESTRELA, A.; ELISEU, M.; AMARAL, A.; CARVALHO, A. & PEREIRA, C. A investigação sobre a formação contínua em Portugal (1990-2004). *Investigar em Educação,* 4, pp. 107-148. 2005.

ESTRELA, M.T. & ESTRELA, A. A formação contínua de professores. In R. Bizarro & F. Braga. (Orgs.). *Formação de Professores de Línguas Estrangeiras: Reflexões, Estudos e Experiências.* pp. 73-80. Porto: Porto Editora. 2006.

FLORES, M.A.; SIMÃO, A.M.V.; RAJALA, R. & TORNBERG, A. Possibilidades e desafios da aprendizagem em contexto de trabalho: um estudo internacional. In M.A Flores & A.M.V. Simão. (Orgs.) Aprendizagem e Desenvolvimento Profissional de Professores. pp. 119-151. Mangualde: Edições Pedago. 2009.

GARCÍA, E., ARIAS, M. B., HARRIS MURRI, N. J., & SERNA, C. Developing responsive teachers: A challenge for a demographic reality. *Journal of Teacher Education, 61* (1-2), pp.132-142. 2010.

GONÇALVES, J.A. Desenvolvimento profissional e carreira docente – Fases da carreira, currículo e supervisão. *Sísifo*, 8, pp. 23-36. 2009.

GONÇALVES, M.L.S. *Desenvolvimento Profissional e Educação em Línguas: potencialidades e constrangimentos em contexto escolar* Tese de Doutoramento. Aveiro: Universidade de Aveiro. 2011.

KORTHAGEN, F. A prática, a teoria e a pessoa na aprendizagem profissional ao longo da vida. In Flores, M.A.; Simão, A.M.V. (Orgs.) Aprendizagem e desenvolvimento profissional de professores. (39-60). Mangualde: Edições Pedago. 2009.

MAWHINNEY, L. Let's lunch and learn: professional knowledge sharing in teachers' lounges and other congregational spaces. *Teaching and Teacher Education*. 26 pp. 972-978. 2010.

NORTON, B. Identity, literacy and the multilingual classroom. In Stephen May (Ed.). *The Multilingual Turn*. New York: Routledge. pp. 103-122. 2014.

PINHO, A. S., GONÇALVES, L., ANDRADE, A. I. & ARAÚJO e SÁ, M. H. Engaging with diversity in teacher language awareness: teachers' thinking, enacting and transformation. In Stephan Breidbach, Daniela Elsner & Andrea Young (eds.): Language Awareness in teacher education: Cultural-political and socio-educational dimensions. Bern/Frankfurt: Peter Lang. pp.41-61. 2011.

SHULMAN, L. Theory, practice and the education of professionals. In S. Wilson. (Ed.). *The Wisdom of Practice – Essays on Teaching, Learning and Learning to Teach*. pp. 521-544. San Francisco: Jossey-Bass. 2004.

VIEIRA, F; MOREIRA, M.A. & PERALTA, H. A Country in Focus - Research in foreign language education (2006-2011): Its transformative potential. *Language Teaching* 47(2), pp. 191-227. 2014.

ZHAO, Y. Preparing globally competent teachers: A new imperative for teacher education. *Journal of Teacher Education, 61*(5), pp.422-431. 2010.

# CAPÍTULO 3

## Alfabetização e letramento em um contexto de línguas próximas: Aulas de POLH na Espanha

Juliana Azevedo Gomes
Universidade de Barcelona, Espanha

## 1. INTRODUÇÃO

Nos dias de hoje, o processo de transcrição da linguagem falada para a escrita, conhecido como alfabetização, é sistemático e desenvolvido em geral por meio da escolarização formal, em que as crianças inicialmente se apropriam de um ou mais códigos linguísticos e suas convenções e posteriormente aprendem a fazer uso delas de forma coerente. A compreensão da linguagem escrita e sua produção de forma intencional e contextualizada é chamada de Letramento (LUIZATO, 2003). Esses dois processos, alfabetização e letramento, devem caminhar juntos de forma simbiótica e, por meio deles, garante-se a aprendizagem da linguagem em um ou mais idiomas de forma integral, tanto na expressão quanto na sua compreensão. Mais que decifrar, estar alfabetizado e letrado é usar com segurança o código linguístico para situações cotidianas de forma eficiente (SOARES, 2007).

No entanto, quando se trata de língua de herança, o processo de alfabetização e letramento não segue a cronologia escolar e pode ser desencadeado de diferentes formas, em função de algumas características apresentadas a seguir. A palavra herança vem do latim *haerentia, e está relacionada com o patrimônio que um indivíduo pode transmitir aos seus descendentes. Por sua etimologia, é possível compreender que a língua de herança é majoritariamente transmitida no meio familiar e não na escola ou em outros ambientes sociais e, portanto, não possui a mesma relevância que a(s) língua(s) falada(s) no país de residência. Segundo Valdés (2000), a língua de herança será sempre a língua diferente do contexto social onde vivem esses indivíduos. Será necessário originar um ambiente de uso e aprendizagem do idioma de herança para que ele possa vir a ser a língua da criança.*

O objetivo geral das iniciativas que ensinam uma língua de herança é promover um espaço de convívio nesta língua e cultura, oferecendo conhecimento teórico-prático acerca do idioma para que o falante de herança receba as ferramentas necessárias para falar, ouvir, ler, compreender e escrever na sua língua de herança. Neste capítulo, foco no português brasileiro, que vem sido estudado na Europa sob a sigla POLH, isto é, Português como Língua de Herança.

O POLH é um fenômeno recente que surgiu em consequência da migração dos brasileiros que se estabeleceram na diáspora, constituíram suas famílias e desejam manter a língua e a cultura do Brasil independentemente do país de residência. No caso da Espanha, a primeira organização a oferecer aulas de português e cultura brasileira foi criada por um grupo de famílias em Barcelona no ano 2010 (MORONI & GOMES, 2015).

Na Espanha, as crianças que frequentam o sistema público de ensino iniciam o processo de alfabetização entre os seis e sete anos. Na região da Catalunha, onde, assim como o espanhol, o catalão é língua oficial, os alunos são alfabetizados nos dois idiomas simultaneamente, embora o catalão tenha prioridade, já que 75% das aulas são ministradas nesse idioma. Considerando esse contexto de línguas próximas, quais seriam as melhores estratégias didáticas para alfabetizar e letrar em língua de herança?

A pesquisa de doutorado sendo aqui relatada apresenta algumas estratégias realizadas em uma sala de aula de língua de herança no ano letivo de 2014-2015 para os processos de alfabetização e letramento em POLH na Catalunha. Fundamentado em concepções da Linguística Contrastiva (LADO, 1957) e da Consciência Metapragmática (VERSCHUEREN, 2000), este estudo tem como objetivo contribuir com sugestões didáticas para a alfabetização e letramento do português como língua de herança em um contexto de línguas próximas.

## 2. DEBATES GERAIS SOBRE ALFABETIZAÇÃO E LETRAMENTO

Mais do que a habilidade de ler e escrever, alfabetização e letramento são conceitos intimamente vinculados que supõem não somente decifrar um código linguístico, mas principalmente fazer uso dele em diferentes situações sociais (SOARES, 2007). Assim, esses dois processos (alfabetização e letramento) são interdependentes, iniciam nos primeiros anos de vida da criança a partir de seu contato com o mundo exterior (FERREIRO & TEBEROSKY, 1999) e se desenvolvem de forma progressiva no ambiente escolar e social. A instrução formal e uma ampla gama de circunstâncias de usos linguísticos devem permitir às crianças compreender a estrutura da língua para posteriormente produzir conteúdo por meio dela.

Além da compreensão e expressão escrita, espera-se que, dos processos de alfabetização e letramento, seja possível desenvolver também uma maturidade cognitiva que permita à criança saber reconhecer ou produzir um tipo de discurso para determinado sujeito e/ou contexto. A consciência metapragmática (VERSCHUEREN, 2000) é a capacidade que um sujeito possui de compreender ou escolher o tipo de discurso mais apropriado para o interlocutor e o contexto de comunicação e contribui com a habilidade de estabelecer conexões entre as diferentes formas verbais e textuais da língua.

Para o contexto deste capítulo, a consciência pragmática é considerada um elemento fundamental no processo de alfabetização e letramento, uma vez que integra e consolida o conhecimento oral e escrito e será abordada mais detalhadamente ao longo do capítulo.

## 3. QUESTÕES ESPECÍFICAS EM RELAÇÃO AO ENSINO DE POLH

### 3.1 Os falantes de herança

Os falantes de herança são aqueles que, no âmbito familiar,

estão em contato com outra língua, diferente da língua da sociedade onde vivem. Em outras palavras, são sujeitos que receberão *input* linguístico desde o nascimento em um idioma distinto ao que aprenderá na escola, por exemplo, e por essa razão, seu idioma dominante pode ser distinto à língua de herança. (POLINSKY & KAGAN, 2007). Também podem ser sujeitos que possuem um vínculo não necessariamente linguístico, mas cultural ou apenas afetivo com a língua de herança (*VAN DEUSEN-SCHOLL, 2003*).

Segundo Montrul (2012), uma das principais diferenças entre um falante de língua materna e de língua de herança é o tempo de exposição e a possibilidade de utilizar esse idioma em diferentes situações sociais. A tendência natural é que, ao sair do âmbito familiar e ter contato com outros meios sociais e com falantes do idioma local, o falante de herança utilize cada vez menos essa primeira língua familiar para comunicar-se, defende Montrul. Em vista disso, para ensinar uma língua de herança, é necessário oferecer situações de aprendizagem que possam preencher as lacunas linguísticas típicas dos falantes de herança considerando sempre o contexto sociolinguístico em que estão inseridos esses alunos e, consequentemente, evitar que haja essa perda típica da língua de herança mencionada por Montrul (2012).

## 3.2 Alfabetização e letramento em língua de herança

No caso da língua de herança, ensinada fora da escola regular, alfabetização e letramento terão outro itinerário. O aprendizado do alfabeto será vivido de forma intensa no âmbito escolar, na(s) língua(s) oficial/oficiais do país. No caso de países que utilizam alfabeto latino, basta que o aluno aprenda os códigos linguísticos uma vez para que seja capaz de estabelecer conexões com outros idiomas. Além disso, o processo de letramento em língua de herança pode exigir mais tempo, uma vez que as oportunidades de uso da língua de herança estarão restritas a contextos onde esse idioma está presente.

Como educadores, é necessário (re)conhecer as características dos falantes de herança e utilizar seus pontos fortes a favor da sistematização do ensino da língua de herança, seja no âmbito familiar, escolar ou extraescolar. Um desses pontos fortes é já mencionado contato com o idioma falado desde antes do nascimento. Esse *input* fonológico recebido de maneira natural, permite que as crianças identifiquem facilmente os sons e desenvolvam a consciência fonológica na língua de herança sem grandes dificuldades. Além disso, pesquisas comprovam que os falantes de herança possuem certo controle, tanto sobre as estruturas sintáticas como léxicas, antes mesmo de frequentar qualquer aula, consequente da familiaridade oral e auditiva com a língua de herança (POLINSKY, 2008) - resultado da exposição natural à língua, tal como nas crianças monolíngues, que adquirem grande parte da sintaxe e do léxico da sua língua antes de entrarem na escola.

Entretanto, é importante que os falantes de herança sejam capazes de reconhecer diferentes tipos de mensagens para que depois possam utilizar de sua língua de herança de forma ativa, rica e diversa. Esse "poder de escolha" de uso da língua pode ser fomentado através do desenvolvimento do letramento. Reconhecendo o número reduzido de horas-aula no contexto de ensino de língua de herança, é necessário adaptar a metodologia para seu ensino. No caso de crianças em idade de alfabetização, isso inclui reconhecer que quando o falante de herança chega à sala de aula, ele já conhece o alfabeto, os sons das letras e algumas normas ortográficas na língua majoritária. Assim, é importante aproveitar os conhecimentos prévios dos alunos e, especialmente no caso de línguas próximas, utilizar o contraste entre os idiomas para facilitar a aprendizagem da língua de herança.

Com base nos fundamentos da linguística contrastiva e da consciência metapragmática e considerando as línguas do entorno dos alunos: espanhol e catalão, um pequeno plano de estratégias didáticas foi elaborado para contribuir com os processos de alfabetização e letramento em uma sala de aula de contexto extraescolar na cidade de Barcelona. Essas estratégias serão discutidas a seguir.

## 3.3 Estratégias para alfabetização e letramento em POLH

Além da questão linguística, é importante ratificar que, quando se trata de ensino de língua de herança, a cultura é especialmente relevante, uma vez que o vínculo entre o falante de herança e sua língua é afetivo, proveniente do histórico familiar concernente a essa língua e cultura (*VAN DEUSEN-SCHOLL, 2003*). Por conseguinte, toda e qualquer estratégia relacionada com o ensino da língua de herança deve ter como cenário elementos culturais e da realidade das crianças que promovam uma aprendizagem significativa.

Sendo português, espanhol e catalão línguas românicas, derivadas do latim e, portanto, consideradas línguas próximas (TEYSSIER, 2007), os fundamentos da linguística contrastiva (LADO, 1957) oferecem diretrizes para estabelecer esse contraste pontual entre as línguas. Mesmo no caso de línguas de raízes diferentes, uma breve análise contrastiva entre os idiomas majoritários do entorno pode facilitar a vida do professor e do aluno. Sem nenhuma intenção de apontar erros, o uso da linguística contrastiva na alfabetização da língua de herança tem a intenção de oferecer ao aluno a tomada de consciência de diferenças e semelhanças-chave que facilitem a comparação com o conhecimento já adquirido e a criação de novos conhecimentos relacionados com a aquisição leitora e escrita nesse idioma. O objetivo também está relacionado com o conceito da Zona de Desenvolvimento Proximal de Vygotsky (1980), que trabalha com a distância entre a zona de desenvolvimento real e o potencial que pode ser expandido a partir de intervenções ou interações.

O desenvolvimento da consciência metapragmática – isto é, da capacidade de estabelecer relação entre a mensagem que se deseja transmitir, o interlocutor e o contexto de interação (VERSCHUEREN, 2000) - é importante para qualquer aprendiz de língua. No entanto, na língua de herança, sua necessidade é mais notória em virtude da limitação de interlocutores e de discursos a que se têm acesso através dessa língua. Embora o desenvolvimento da consciência metapragmática seja gradual e intimamente vinculado ao amadurecimento biológico, promovê-la em sala de aula é proporcionar ferramentas para o posterior desenvolvimento e aprimoramento da competência comunicativa no idioma.

Inter-relacionando os pressupostos de Lado (1957), Montrul (2013), Verschueren (2000), Soares (2007) e Van Deusen-Scholl *(2003)* com alguns elementos culturais brasileiros, foram aplicadas diferentes estratégias didáticas a 9 alunos entre 5 e 7 anos que frequentam aulas de POLH em Barcelona. O objetivo dessas estratégias era promover a articulação entre o conhecimento linguístico já adquirido pelos alunos com a língua portuguesa. Neste capítulo, especifico algumas estratégias realizadas com a temática "Sítio do Picapau Amarelo", fundamentados pela Linguística Contrastiva e pela Consciência Metapragmática, com vistas a facilitar os processos de alfabetização e letramento em português como língua de herança. São elas: (a) jogo da memória, (b) formação de palavras, (c) *brainstorming* e (d) jogo simbólico. Segue, abaixo, uma tabela (Tabela 1) com a descrição dos conteúdos, estratégias e atividades realizadas.

| | | TEMÁTICA: SÍTIO DO PICAPAU AMARELO | |
|---|---|---|---|
| | Conteúdos evidenciados | Estratégias didáticas | Atividades |
| Linguística Contrastiva | Âmbito fonético fonológico e ortográfico: Sons do U e do L | a) Jogo da memória | Exploração da palavra "picapau". Jogo da memória com palavras com som de "u" terminadas com U ou L. |
| | Âmbito léxico: Sufixos inho e ão (ona) | b) Formação de palavras | Partir do apelido da menina Lucia, "Narizinho", e propor jogo de formação de palavras no diminutivo e aumentativo com sufixos. |
| | Âmbito morfossintático: adjetivos psicológicos | c) Brainstorming | Indicar os adjetivos psicológicos da Emilia por meio de momentos da história. Foco nos mais utilizados pelas crianças em espanhol. |
| Consciência Metapragmática | Âmbito semântico: frase + pragmática: expressões utilizadas pelas crianças do Sítio. | d) Jogo simbólico | Proposta de representação de diferentes personagens (Emília, Narizinho, Pedrinho, Dona Benta, Tia Nastácia) |

Tabela 1. Estratégias didáticas para alfabetização e letramento em POLH.

## a) Jogo da Memória

Nas línguas espanhola e catalã, a letra "l" em fim de sílaba é articulada de forma lateral interdental (PLANAS, 2005), de forma que a letra "l" é pronunciada como "éle". Na língua portuguesa de variação brasileira, em geral, a letra "l" em final de sílaba é vocalizada com o fonema /w/ que é similar ao som da letra "u" (TEYSSIER, 2007). Em virtude do tempo de exposição aos idiomas do entorno em que vivem (catalão e castelhano), é possível que os falantes de português como língua de herança transfiram a articulação utilizada na língua espanhol e catalã para o português, pronunciando a palavra "papel", por exemplo, como [papel] e não [papeu], como seria pronunciado no português de variação brasileira.

Embora a diferença de pronúncia não acarrete dificuldades de compreensão, outra situação que pode aparecer é no momento da escrita, em que partindo da lógica da pronúncia, em que as palavras com sílabas terminadas em "l" tenham som de "u", tendem a escrever palavras como "papel" como "papeu".

Para ajudar aos alunos a identificar e superar algumas dessas diferenças de forma lúdica, foi proposto a confecção de um Jogo da Memória. O jogo continha imagens e palavras terminadas com "u" e "l". A proposta de elaboração foi pensada para que os alunos tivessem a oportunidade de se familiarizarem com palavras desde o princípio, pintando, plastificando e recortando as figuras para assim apropriarem-se de forma natural do conteúdo em questão. Algumas das palavras e figuras selecionadas para o jogo foram: Pastel, Chapéu, Papel, Céu, Papai Noel, Sal, Varal.

A atividade de jogo foi realizada no tempo aproximado de uma hora. Após o jogo, os alunos foram convidados a escrever espontaneamente as palavras do jogo e outras com a mesma estrutura no caderno. No entanto, nas aulas seguintes, o jogo continuou sendo utilizado em momentos de descontração. É importante mencionar que o fato de que os alunos tenham elaborado o material denota maior interesse e cuidado com o jogo.

### b) Formação de palavras

Com vistas a abordar o valor etimológico das palavras, a atividade consiste em colar no quadro branco cartões com palavras e sufixos diminutivos para que os alunos juntem palavra + sufixos e aprendam a construir as diferentes formas de diminutivo da língua portuguesa. Após a união da palavra com o sufixo, as crianças deveriam escrever no seu caderno a palavra no diminutivo.

Exemplo:

| | |
|:---:|:---:|
| NARIZ | INHO |
| BONECA | INHA |
| BOLO | INHO |
| CASA | INHA |

Na realização da atividade, foi observado que, assim como alunos de língua materna, a primeira tendência dos alunos foi juntar palavra e sufixo e criar palavras como "bonecainha", por exemplo. Após a escrita, quando retomamos a atividade, foram apresentadas as imagens grandes e pequenas das palavras para que eles expressassem qual seria o diminutivo das palavras apresentadas. Neste caso, todos souberam responder corretamente porque possuem vocabulário suficiente, mas apresentaram a dificuldade em alterar a palavra para adicionar o sufixo corretamente. Refizemos a escrita coletivamente no quadro e cada aluno realizou suas próprias correções no caderno.

### c) Brainstorming

Nessa atividade, foi mostrado o vídeo *As Medalhas da Emília*[21], da turma do Sítio do Picapau Amarelo. Após o

---

[21] Disponível em: https://www.youtube.com/watch?v=X1TdbWgjrhk

vídeo, voltamos às cenas em que era possível identificar expressões dos personagens e os questionamos sobre seu estado de espírito. As crianças imediatamente começaram a expressar suas opiniões com os adjetivos que conheciam. Aproveitei a descontração da atividade para retificar os adjetivos mais usados pelos alunos em espanhol e catalão, como *aburrido* (ocioso), *enfadado* (brabo), *enojado* (chateado/emburrado), *contento* (contente, feliz). Num segundo momento, para reforçar o que foi dito, em roda, apresentaram fotos de rostos com diferentes emoções e palavras para identificá-las. Pedimos que eles relacionassem cada palavra com um rosto que representava alguma emoção e que logo elaborassem um painel com a figura e a palavra correspondente. O painel ficou na parede da sala por alguns meses, servindo como material visual de consulta sobre os adjetivos.

### d) Jogo simbólico

Utilizando vídeo do episódio *A Cura da Emília*[22], do Sitio do Picapau Amarelo, salientei a maneira como os personagens interagem. O objetivo era que as crianças pudessem observar que, dependendo da intenção e do interlocutor, o discurso é modificado. Ressaltei momentos de convite, solicitação,

---

[22] Disponível em: https://www.youtube.com/watch?v=yPHhF_viOyY

curiosidade, cortesia ou ordem nos diálogos. Após o vídeo, foi proposta a criação de uma história coletiva oral que abordasse momentos de ordem, solicitação, curiosidade, por exemplo, e deixei que construíssem os diálogos com máxima liberdade. Revisamos a história em conjunto e estipulamos papéis para os alunos. Por último, fizemos uma representação em forma de teatro acerca da história produzida.

O objetivo principal desse jogo é reforçar o tom do discurso e a estrutura a ser utilizada de acordo com a situação. No caso de um contexto de línguas próximas, é comum que as crianças aportuguesem as expressões faladas em espanhol e catalão.

Exemplos:

**Expressão em português** (solicitação): Você pode me ajudar?

**Como tendem a falar:** "Você me pode ajudar?"

**Influências:** *¿Me puedes ayudar? (**ESP**)- Em pots ajudar? (**CAT**)*

**Expressão em português** (pedir mais informação): Como é?, e ...?

**Como tendem a falar:** "E que?"

**Influências:** ¿Y qué? (***ESP***)

**Expressão em Português** (finalização de algo): Pronto, terminei, ok.

**Como tendem a falar:** " Já está"

**Influências:** *Ya está* (***ESP***) – *Ja está* (***CAT***).


É importante observarmos que, apesar da colocação pronominal equivocada no primeiro exemplo, é possível que se compreenda a mensagem. Os outros dois exemplos já apresentam distorção no significado da mensagem. *E que?* em português brasileiro não é falado e soa como uma expressão descortês. *Já está*, embora utilizado na variação do português de Portugal não é utilizado no Brasil, gerando ruído na comunicação, uma vez que a pessoa responderá "Já está o que?" A reflexão progressiva sobre essas diferenças ajudará a criança a (re)organizar seus discursos e utilizá-los de maneira apropriada ao longo do desenvolvimento da competência comunicativa em português como língua de herança.

## 4. DISCUSSÃO E CONCLUSÃO

É importante mencionar que as estratégias propostas neste capítulo são apenas elementos norteadores para o trabalho no campo da alfabetização e letramento. São sugestões que, ao longo da sua aplicação, serão inevitavelmente modificadas pelas contribuições das crianças e adaptadas ao contexto de trabalho. A relevância de trabalhar os campos linguísticos a partir da linguística contrastiva consiste em aproveitar o contexto de línguas bastante próximas. No caso do léxico, a escolha pelos sufixos que correspondem às formas diminutivas está relacionada com o fato de que, em virtude do contato familiar, são palavras já conhecidas foneticamente e esse tipo de tarefa ajudará na construção escrita das palavras habituais.

A atividade que tem como pano de fundo os adjetivos para o campo morfossintático busca oferecer aos alunos ferramentas para expressar emoções em português, já que seu contato social com outras crianças é realizado em espanhol e em catalão. Falar sobre as emoções em português geralmente traz transferências dos idiomas do ambiente, de forma que essa atividade busca promover não somente a construção de vocabulário relacionado às emoções, mas também a aquisição de sentido nessa temática.

Nota-se a transferência das línguas de maior uso social à

língua de herança também no campo semântico. Em razão da carência de variedade do uso linguístico, os alunos de POLH tendem a trazer expressões do país de residência para o português. No caso de línguas tão próximas, as expressões em geral são compreensíveis, no entanto, não faladas no país da língua de herança. Sem a intenção de restringir a criatividade das crianças, que usam os recursos disponíveis para elaborar novas expressões, essa tarefa busca agregar conhecimento e não desvalorizar o conhecimento trazido pelas crianças à sala de aula.

É conveniente destacar que no conteúdo relacionado ao campo fonético fonológico, embora buscassem as diferenças principais entre o POLH e as línguas do entorno, essas diferenças não podem ser avaliadas ou restritas, uma vez que há muitas variantes do português brasileiro, resultado das origens indígenas, da imigração de diversos países e das zonas de contato de línguas, como as fronteiras (SAGAZ & MORELLO, 2014). A proposta é proporcionar informação acerca das pronúncias, ressalvando as diferenças existentes dentro do próprio Brasil.

A estratégia pensada para desenvolver a Consciência Metapragmática visa criar um momento lúdico e de conforto para que as crianças possam atuar com naturalidade. Todas as atividades mencionadas foram repetidas com outras temáticas. Especialmente nesse campo da Consciência

Metapragmática, quanto mais oportunidades os alunos tiverem de expressar-se em diferentes situações e com diferentes interlocutores, melhor será seu desenvolvimento.

Um ponto a ser evidenciado é o papel do educador nessas estratégias. Enquanto que nas estratégias relacionadas aos campos linguísticos o professor deve ser um mediador de ideias, atuando na zona de desenvolvimento proximal das crianças (VYGOTSKY, 1980), estudo antigo, mas ainda atual, que consiste em saber tirar proveito da capacidade atual do aluno e promover situações para que ele possa ampliá-la, nas atividades relacionadas à consciência metapragmática, o educador deve tomar um distanciamento mínimo para que os alunos atuem de forma espontânea e também possibilitem dados para análise de padrões de comportamento do coletivo. A partir dessa observação, será possível delinear novas estratégias, mais contextualizadas e eficientes para o desenvolvimento gradual dessa consciência na língua portuguesa.

Independente das estratégias selecionadas, reconheço que o foco do educador de língua de herança deve estar sempre nos avanços realizados pelo aluno e não em suas dificuldades ou erros, já que esses são apenas indicadores de momentos de aprendizagem. Sem nenhuma intenção de reduzir o ensino de POLH a apontar diferenças com a língua local ou oferecer receitas pedagógicas linguísticas e culturais, o uso desses supostos teóricos visa facilitar o trabalho do professor, que possui um reduzido tempo em sala de aula e recebe alunos já alfabetizados em outro(s) idioma(s).

## AGRADECIMENTOS

A autora agradece à Associação de Pais de Brasileirinhos na Catalunha (APBC) e aos familiares dos alunos da turma "onça pintada" pela participação nesta pesquisa.

## Referências

FERREIRO, E; TEBEROSKY, A. *Psicogênese da Língua Escrita*. Porto Alegre: Artmed. 1999.

LADO, R. *Linguistics across cultures: Applied linguistics for language teachers.* University of Press: Ann Arbor. 1957.

LUIZATO, C. Contexto de letramento: é possível trabalhar com produção de texto na Educação Infantil. Leopoldianum - *Revista de estudo e comunicação*, v. 28, n. 78, p. 71- 73, jun. 2003.

MONTRUL, S. Is the heritage language like a second language?. *EuroSLA Yearbook*, vol. 12, no 1, p. 1-29.2012.

MONTRUL, S. *El bilingüismo en el mundo hispanohablante*. John Wiley & Sons, 2013.

MORONI, A; GOMES, J.A. El Português como Lengua de Herencia hoy y el trabajo de la Associação de Pais de Brasileirinhos na Catalunha. *Revista de Estudios Brasileños*. p.11-20. Vol 2. No. 2. 2015. Disponível em: https://reb.universia.net/article/view/1206/portugues-lengua-herencia-trabajo-associacao-pais-brasileirinhos-na-catalunha Acesso em: 15/05/2016

PLANAS, A. M. *Así se habla. Nociones fundamentales de fonética general y española*. Apuntes de catalán, gallego y euskara. Barcelona: Horsori. 2005

POLINSKY, M. Heritage Language Narratives. In: BRINTON, D; KAGAN, O & BAUCKUS, S. (Eds.). *Heritage Language Education*: A New Field Emerging. Routledge. 2008. pp. 149-164. Disponível em: http://scholar.harvard.edu/files/mpolinsky/files/Chapter_8_Heritage_Language_Narratives-1.pdf?m=1360038983 Acesso em: 14/05/2016.

POLINSKY, M.; KAGAN, O. Heritage languages: In the 'wild' and in the classroom. *Language and Linguistics Compass*, 2007, vol. 1, no 5, p. 368-395.

SAGAZ, M. R. P.; MORELLO, R. *Observatório da Educação na Fronteira*: Mapas Linguísticos. Florianópolis: IPOL: Editora Garapuvu, 2014.

SOARES, M. *Alfabetização e letramento*, São Paulo: Contexto. 2007.

TEYSSIER, P. *História da Língua Portuguesa*, São Paulo: Martins Fontes, 2007.

VALDÉS, G. Teaching heritage languages: An introduction for Slavic-language-teaching professionals. Em: O. Kagan & B. Rifkin (Eds.), *Learning and teaching of Slavic languages and cultures: Toward the 21st century*, Bloomington, IN: Slavica. 2000, pp. 375-403.

VAN DEUSEN-SCHOLL, N. Toward a definition of heritage language: sociopolitical and pedagogical considerations. *Journal of Language, Identity, and Education*, 2(3), 2003, pp. 211-230. Disponível em: http://eric.ed.gov/?id=EJ673151 Acesso em 30/04/2016

VERSCHUEREN, J. Notes on the role of metapragmatic awareness in language use. *Pragmatics*, 2000, vol. 10, no 4, p. 439-456. Disponível em: https://benjamins.com/#catalog/journals/prag.10.4.02ver/fulltext Consulta em 14/05/2016. Acesso em: 14/05/2016.

VYGOTSKY, L. *Mind in society:* The development of higher psychological processes. Harvard University Press, 1980.

# CAPÍTULO 4

Alfabetização bilíngue em POLH:
O caso de alunos teuto-brasileiros

Camila Lira
Universidade Europa Viadrina,
Frankfurt, Alemanha

## 1. INTRODUÇÃO

Quando se fala em bilinguismo, pensa-se muitas vezes sobre os aspectos linguísticos relacionados às competências orais (falar e ouvir), passando algumas vezes pelas competências da leitura. Porém, muito pouco ou quase nada trata-se da competência escrita e de sua aquisição num ambiente bilíngue. Pesquisas como as de Valdés (2001) esclarecem que um indivíduo bilíngue pode apresentar o mesmo nível de desempenho em ambas as línguas ou mais frequentemente ter graus variados de desempenho nas línguas que domina.

A autora ainda menciona que um indivíduo bilíngue pode ser considerado passivo (quando compreende, mas não faz uso de suas habilidades) ou ativo (quando não só compreende como também usa ativamente suas competências para comunicar-se). Levando esses argumentos em consideração, é preciso distinguir o que são as competências passivas no aprendizado de uma língua e o que são as competências ativas. Por competências passivas, entendem-se aquelas adquiridas através do ouvir e da leitura. Enquanto isso, as competências ativas precisam do apoio do indivíduo para se firmar: falar e escrever.

Embora seja um prelúdio para o bilinguismo ativo, muitas vezes a aquisição escrita da língua de herança acaba sendo deixada de lado por diversos fatores, como a falta de escolas próximas às famílias que possuam este tipo de ensino, o despreparo dos professores, que muitas vezes assumem essa função sem ter formação para tal, a falta de conteúdo curricular e em especial, a importância dada para esta competência, que muitas vezes fica em segundo plano, em especial quando o mais importante para os pais é que seu filho se comunique oralmente através da sua língua de herança (LICO, 2011). Assim, a criança é bilíngue somente na oralidade, mas tende a ser monolíngue no que diz respeito à aquisição escrita da língua de herança.

Este artigo tem o objetivo de apresentar a importância da

alfabetização na língua de herança, discorrendo sobre os diferentes tipos de alfabetização bilíngue existentes: a simultânea, que ocorre paralelamente em duas línguas ou mais, e a sequencial, que pressupõe primeiro a alfabetização na língua dominante e depois na língua de herança. Pesquisa realizada com uma turma de alfabetização de alunos teuto-brasileiros em Munique, Alemanha, é usada para as discussões neste artigo.

## 2. DEBATES GERAIS SOBRE ALFABETIZAÇÃO BILÍNGUE

Riehl (2014) entende por alfabetização bilíngue o domínio de diferentes sistemas alfabéticos e suas regras ortográficas. Porém, não é apenas o domínio *per se* do sistema que torna um indivíduo bilíngue na escrita, mas também o domínio das competências textuais, como o uso correto dos gêneros textuais, por exemplo. A linguagem escrita não pode ser esquecida ou deixada de lado na educação bilíngue, pois como Riehl (2014) afirma, ela traz aspectos psicológicos, sociais, culturais e históricos, que podem ajudar o aluno a refletir sobre o mundo onde vive e a criar interligações entre suas culturas. Wolff (2006) acrescenta que a aquisição da língua de herança (LH) precisa contemplar todas as quatro competências linguísticas (falar, ler, escrever, ouvir), para que o falante de herança possa utilizá-la de forma completa e também apresente bom desempenho escolar na língua majoritária. Nesse contexto, é necessário apresentar os conceitos de letramento, biletramento e alfabetização. Por letramento, compreende-se "um processo contínuo de apropriação das funcionalidades e usos sociais de diversos gêneros (orais ou escritos) e áreas do conhecimento (matemática, geografia, etc.)" (CABRAL NOBRE & HODGES, 2010, p.185). Assim, letrar é levar o indivíduo a saber fazer uso social das demandas da escrita, ou seja, interagir com diferentes tipos de textos, dentro e fora do contexto escolar, de modo a cumprir as exigências atuais da sociedade, fazendo da apropriação do código de escrita uma prática social. Beeman (2015) afirma que letramento não é somente o ato de compreender, ler, escrever, estudar o significado da palavra, ouvir e falar, mas de decodificar um conceito, usar essas habilidades no momento oportuno, compreendendo aquilo com que se está interagindo[23]. Esse conceito pressupõe que ele não acaba quando o indivíduo é considerado capaz de ler e escrever, mas abrange a aquisição de habilidades constantes que levam ao domínio do uso e da função social de uma língua.

---

[23] Tradução livre para o português feita pela autora deste capítulo, do original em inglês "I have them figure out how to use comprehension, reading, writing, word study and listening and speaking (oracy). Those are the fundamental elements of literacy but what I emphasize (...) is that just knowing how to decode and knowing foundational skills, does not make you literate. To be literate means to both decode, apply skills and understand."

Paralelamente a esta definição, surge sob a ótica do bilinguismo o termo biletramento, cujo conceito é o ato de um indivíduo bilíngue comunicar-se e compreender efetivamente o sistema gramatical, vocabulário e conceitos metalinguísticos em duas línguas (HORNBERGER, 2001). Enquanto Beeman (2015) entende biletramento como a habilidade de "ler para o entendimento"[24], usando apropriadamente a compreensão escrita e de leitura em duas línguas com ajuda do contexto acadêmico, Hornberger (2001, p. 26) entende que "o biletramento pode ser definido como toda instância na qual a comunicação se desenvolve em duas (ou mais) línguas em torno de um texto escrito".

Segundo Cabral Nobre & Dantas Hodges (2010, p. 185), tanto bilinguismo quanto letramento são processos em que "o sujeito precisa fazer uso da língua para ir se apropriando da mesma". Assim sendo, é importante que o indivíduo bilíngue possa se apropriar de todas as habilidades linguísticas para que a comunicação flua sem interferências. Faltando estímulo em alguma habilidade, isso acarretará, como afirma Cummins (2000), problemas para a solução de atividades complexas propostas tanto na língua dominante quanto na minoritária. Porém, o biletramento muitas vezes acaba sendo deixado de lado no aprendizado de uma língua

---

[24] Beeman cita esse termo em entrevista ao site New America, que pode ser lida integralmente pelo link: https://www.newamerica.org/education-policy/edcentral/interview-karen-beeman-part-one/

de herança. O que se observa, como apresentado por Surd-Büchele (2009), é que a aquisição da língua minoritária se baseia na oralidade, esquecendo-se de estimular a leitura e a escrita. Isso se dá porque muitas famílias vivem em contextos em que o acesso a um local em que o aprendizado da LH seja oferecido não existe. Além disso, muitos confundem os conceitos de letramento com alfabetização, oferecendo com isso, atividades de alfabetização em POLH como sendo atividades de letramento. Embora esses conceitos sejam complementares, pode-se dizer que a alfabetização é um processo de aquisição do sistema convencional de escrita alfabética, baseado nas regras ortográficas. Alfabetizar é munir o indivíduo do recurso ortográfico da língua; é o processo pelo qual se adquire o domínio de um código e das habilidades para ler e escrever (SOARES, 2004). Nesse sentido, enquanto a alfabetização envolve a aprendizagem de habilidades básicas da escrita, como codificação e decodificação de palavras e frases, o letramento implica o uso social das práticas letradas, como descreve Soares (2004).

A alfabetização *per se* é um processo em que a criança deve apresentar maturação biológica e psicológica, sem as quais ela está inapta a ser alfabetizada. Günther & Günther (2007) argumentam que estas condições físicas e psicológicas devem ser divididas em pré-requisitos comuns e específicos para a aquisição da escrita. Por pré-requisito comum entende-se a motivação para entender o símbolo e também a competência linguística em conjunto com estratégias de cognição, processo de percepção da linguagem e a capacidade de analisar a língua e seu sistema. Biologicamente, a criança precisa apresentar capacidades visual e auditiva que possam ajudar a perceber manifestações acústicas e visuais. Conta-se ainda com a maturação dos órgãos responsáveis pela fala e também a motricidade[25]. Os autores ainda lembram que, para estar apto à alfabetização, o indivíduo deve dispor das consciências linguística e metalinguística, as quais proporcionam uma reflexão sobre as competências a serem adquiridas tanto na língua dominante quanto na LH (SURD-BÜCHELE, 2009, p.68). Além disso, a alfabetização é um processo social, em que os pais e demais envolvidos têm papel fundamental perante as ofertas de experiências com a leitura e a escrita.

Depois de ter discutido os conceitos de letramento e alfabetização, é necessário ainda discorrer sobre a alfabetização bilíngue, que pode ser diferenciada entre

---

[25] Günther & Günther (2007, p.119) desenvolveram uma escala de desenvolvimento infantil, na qual pode-se notar em qual estágio a criança deve apresentar certo grau de maturação em determinadas atividades. Assim, com 2 anos, a criança aprende a fazer os primeiros rabiscos, parte do processo de desenvolvimento para a alfabetização e continua até a idade de 7 anos, quando, segundo eles, a criança está apta a observar regras e com isso, entender e começar a se apropriar das regras ortográficas de um sistema linguístico.

simultânea e sequencial. Por alfabetização simultânea, entende-se que a criança está apta a aprender a ler e escrever em ambas as línguas ao mesmo tempo, sendo capaz de alternar entre os códigos escritos de suas línguas e reconhecer diferenças e semelhanças. Já a alfabetização sequencial é aquela em que o indivíduo passa a ser alfabetizado na LH depois de ter sido alfabetizado e letrado em sua língua dominante (GARCÍA, 2009).

## 2.1 A alfabetização bilíngue: a aquisição ortográfica na LH e a importância da análise de erros

Embora se fale muito de alfabetização bilíngue, as teorias que cerceiam esse conceito são as aplicadas a indivíduos monolíngues. Assim, é importante ressaltar que o bilíngue está exposto a diferente gama de informações e leituras que um monolíngue, o que lhe propicia certa vantagem, em especial favorecendo o biletramento. Ao contrário do letramento, a alfabetização bilíngue é um conceito que ainda gera certos receios. Diante dessa constatação, passou-se a denominar dois tipos de alfabetização bilíngue: a sequencial e a simultânea, mencionadas no tópico 2 deste capítulo.

Em suas pesquisas, Flory (2008) argumenta que a criança bilíngue faz hipóteses de como vai escrever na segunda língua constantemente. Para tanto, considera-se que o indivíduo tenha duas condições primárias: a consciência linguística e a consciência fonológica. Isso porque a língua possui um sistema ortográfico que advém da interação entre as possibilidades e restrições de se unir grafemas, fonemas, gramática e semântica (DEL TORO, 2004). É importante, portanto, reconhecer que a consciência fonológica é um dos aspectos mais importantes para a aquisição ortográfica, porque através dela os alunos podem relacionar a produção oral de um som a sua produção visual e, desse modo, identificar as estruturas permitidas entre fonemas e grafemas de uma determinada língua, ajudando no desenvolvimento da leitura e da escrita. O processo de codificação e decodificação dos fonemas fornecem aos indivíduos as ferramentas para entender as estruturas linguísticas e, assim, poder produzi-las. Esse mesmo processo é demasiado importante na aquisição da LH, pois o conhecimento da língua vai sendo trabalhado enquanto é produzido. Günther & Günther (2007) afirmam ainda que a percepção visual do mundo ao seu redor também ajuda no processo de aquisição da língua, uma vez que nossas sensações, interesses e experiências muitas vezes são gravadas através do olhar. O aprendiz de uma língua confronta-se, então, com a produção visual da língua – a escrita – e reconhece as sequências fonéticas e grafêmicas que ela pode assumir, como por exemplo, que /spk/ não é permitida no português, mas pode ser em outras línguas.

Considerando os fatos expostos acima, pode-se afirmar que a aquisição ortográfica tem papel relevante na aquisição de uma língua. Porém, ela ainda é pouco pesquisada, pois a produção oral e suas estratégias tornaram-se o foco de pesquisas durante os anos, deixando a produção escrita na LH em segundo plano e sendo pesquisada sob a ótica de indivíduos monolíngues (Wolff 2002). Dentre as pesquisas, pode-se citar a de Eichler (1986), em que o autor, baseado na observação de erros cometidos por crianças em fases de alfabetização em seus textos, criou uma escala de alfabetização em cinco fases. Enquanto na primeira fase a criança escreve baseada no que ouve e nos fonemas que se sobressaem, na segunda fase ela começa a produzir palavras em que os fonemas conhecidos por si aparecem, deixando de lado aqueles que não são conhecidos. Na terceira fase, começa a aparecer a reprodução exata daquilo que foi falado, sem se importar com as regras ortográficas. As regras ortográficas tendem a aparecer na quarta fase, quando a criança começa a repensar sua escrita de forma que ela se adeque às regras conhecidas por ela. Por fim, na quinta fase, a preocupação com a ortografia aparece e a escrita começa a basear-se nela. Esse modelo relata o desenvolvimento do conhecimento da criança sobre a relação grafofônica, além da análise dos erros que ela faz ao tentar interagir com seu conhecimento de mundo.

Parecido com esse modelo e relevante para este trabalho é a teoria apresentada por Del Toro (2004), muito similar à descrita por Emília Ferreiro em seu livro *Psicogênese da Língua Escrita*, de 1986. Ambas as autoras descrevem o processo de alfabetização iniciado na fase pré-silábica, em que o aluno utiliza seu conhecimento visual de mundo para fazer associações na escrita. Assim, ele pode usar muitas letras para descrever um animal como a vaca, mas poucas para escrever formiga. Já na segunda fase, denominada silábica, a correspondência fonema - grafema começa a ficar clara e o aluno buscará uma letra que represente o som ouvido, atribuindo um valor sonoro a cada sílaba. Aqui, nota-se a importância da consciência fonológica descrita anteriormente, pois é ela que ajuda na decodificação das palavras. Exemplo para essa fase é, segundo Del Toro (2004), a reprodução escrita dos sons das letras, como no caso da palavra *bebê*, cuja reprodução pode ser <bb>. Enquanto Ferreiro apresenta uma terceira fase - a silábico-alfabética, quando o indivíduo a ser alfabetizado passa a identificar como se formam algumas sílabas, Del Toro (2004) junta essa fase à última, denominada alfabética, em que as palavras serão reconhecidas e as regras ortográficas passam a ter valor, organizando, por exemplo, sequências das letras de forma a seguir essas regras. Esse reconhecimento de regras e o seu uso também é representado através dos erros cometidos pelos alunos: muitas vezes eles fazem hipercorreções de palavras, por ainda não terem compreendido a regra ortográfica.

O erro passa a ser um fator preponderante no processo de alfabetização bilíngue, ressaltando-se os conceitos de transferência e interferência de conceitos entre línguas. Por transferência, conceito advindo da hipótese constrastiva de aquisição da linguagem, entende-se a adoção positiva ou negativa de elementos linguísticos de uma língua (normalmente a dominante) para a outra (a minoritária). Para diferenciar a transferência positiva da negativa, denomina-se essa última de interferência (TEKIN, 2012). O aprendiz de uma língua, seja de forma simultânea ou sequencial, assume regularidades da língua dominante em diferentes áreas como sendo conhecimento prévio que deve ser levado também à LH. Segundo Selinker (1972 *apud* DEL TORO, 2004), existem cinco processos de transferência de conhecimento linguístico na aquisição de uma língua: transferência entre línguas, transferências por generalização, estratégias de aprendizado e de comunicação bem como por conta do ambiente onde se aprende a língua. Levando esses processos em consideração, pode-se denominar muitos casos de transferência como sendo interferências, especialmente a interferência fonológica, que é caracterizada pela não observação de determinado som de uma língua, o qual apresenta características distintas. Assim, notam-se desvios linguísticos que podem ser identificados tanto na língua falada quanto na escrita. Ao discutir a aquisição fonológica na segunda língua, James (1988) argumenta que a aquisição fonológica de uma língua se dá em diferentes instâncias e, por conta disso, é necessário prestar atenção qual fonema se aprende primeiro para poder analisar a interferência fonológica. Toreti & Ribas (2010) ressaltam que a ordem de domínio dos fonemas pode variar dependendo de fatores como a idade, mas pode-se notar um determinado padrão na ordem de domínio dos fonemas de uma língua. Isso pode, segundo James (1988), ser notado no processo de aquisição da L2, considerando também as variações silábicas que podem ser construídas na L2 e que muitas vezes refletem a aquisição da L1.

Enquanto transferências positivas ou negativas são processos advindos de outras línguas dominadas pelo indivíduo, os quais podem ser trabalhados através da análise contrastiva entre elas, o conceito de erro aparece sempre como algo negativo, que não deve fazer parte do aprendizado. Muito se fala que o erro é um desvio da norma, que acontece por conta da interferência de uma língua na outra ou porque a própria língua e seu sistema podem causar um erro. Sendo assim, elementos da LH também devem ser levados em consideração ao analisar o erro no processo de aprendizado. Afinal, ele nos diz muito sobre o que o aluno encontra em seu processo de aprendizagem (SPINASSÉ, 2006). Del Toro (2004) afirma que analisar um erro na LH é de extrema importância, pois somente através dele é que se reconhece como o conteúdo a ser aprendido deve ser ensinado. Para ela, são os erros que vão ajudar na organização de um plano de aula eficiente para levar a criança a pensar em suas hipóteses e evoluir no seu aprendizado.

## 3. QUESTÕES ESPECÍFICAS PARA O ENSINO DE POLH

Para falar de alfabetização e letramento em POLH é necessário observar que o "aprendizado de uma segunda língua é idêntico ao aprendizado da primeira língua"[26] (WOLFF, 2002, p.300). De acordo com Wolff (2002), quando a pesquisa foca na criança, pode-se chegar à conclusão que a língua materna é utilizada como estratégia de processamento do aprendizado tanto em relação à escrita quanto à oralidade. Do mesmo modo, os processos de escrita na segunda língua são parecidos com os da primeira língua aprendida. Ainda segundo o autor, a influência da língua dominante é positiva se ela ajuda o aprendiz a desenvolver-

---

[26] Tradução de *Der Zweitspracherwerb dem muttersprachlichen identisch verläuft*.

se na língua de herança. Por último, Wolff (2002) esclarece que para aprender a língua minoritária, o aprendiz faz uso do sistema de processamento de informação que é comum também à língua materna.

Considerados esses dados, pode-se afirmar que um aprendiz de LH vai utilizar-se dos recursos de sua língua dominante para desenvolver-se na LH, remetendo-nos à teoria da proficiência subjacente comum[27] (CUP, sigla do inglês *Common Underlying Proficiency*) de Cummins (2000). CUP pode esclarecer uma certa facilidade em se adquirir a escrita na LH por conta dos conhecimentos trazidos pelo indivíduo. Dessa forma, pode-se dizer que os conhecimentos (tanto biológicos quanto psicológicos) aprendidos acerca da escrita são transferidos para a LH. Essa transferência, segundo Del Toro (2004), esclarece o fato de que as crianças veem o primeiro sistema de escrita aprendido como o correto e vão através dele construindo seu conhecimento na LH, confrontando o que sabem e dominando as diferenças entre os sistemas. Por isso, é importante que os profissionais de POLH conheçam também a língua dominante em que estão inseridos. Assim, poderão compreender os processos pelos

---

[27] O modelo de proficiência subjacente comum proposto por Cummins entende que é possível a transferência das habilidades cognitivas para a linguagem, sugerindo que as habilidades da primeira e da segunda língua são interdependentes. Essa interdependência implica na possível promoção do desenvolvimento da proficiência em ambas as línguas, baseada na experiência em uma delas, na motivação adequada e na exposição tanto na escola como numa comunidade mais ampla.

quais os alunos irão construir seus conhecimentos.

## 3.1 Apresentando o estudo

Este artigo vai apresentar as particularidades da aquisição ortográfica em POLH tendo como língua dominante o alemão, através dos resultados obtidos por pesquisa realizada entre os anos de 2011 e 2013 em Munique, Alemanha. Durante esses dois anos, acompanhei como professora uma turma de oito crianças matriculadas no curso de Alfabetização, cujo objetivo era o de familiarizar os alunos com as regras ortográficas do português. Para tanto, não só a ortografia como também o vocabulário e a cultura eram trabalhados em sala de aula através de jogos, canções, teatros, textos, entre outros. Os oito alunos provenientes dessa turma, divididos em cinco meninos e três meninas com idades entre 8,1 e 11,5 anos, foram submetidos a um questionário sobre uso e conhecimentos do português, a partir do qual foi traçado o perfil dos participantes. Todos fazem parte de famílias biculturais em que ao menos um dos pais é brasileiro. Além disso, todos os alunos são bilíngues simultâneos, sendo o português a língua minoritária. Dos participantes, 3 crianças moraram no Brasil por um período de no mínimo 3 anos, frequentando ou a escola ou o jardim de infância. A maioria dos participantes possui mídias em português (livros, dvds, cds) e as utilizam pelo menos uma vez durante a semana. A maioria deles também informou que já estiveram ao menos uma vez no Brasil, ficando no país por cerca de 5 a 8 semanas. O POLH é a língua de comunicação com a mãe ou o pai falante dessa língua, com os colegas da Linguarte e também com os parentes brasileiros que não falam alemão. Por último, todos afirmavam ser fluentes em alemão em todas as competências linguísticas, levando-se em consideração o Quadro Comum de Referência Europeu para Línguas[28]. Em relação ao português, todos se consideravam fluentes nas competências orais e auditivas enquanto que nas competências de leitura e escrita, 2 se declararam iniciantes, 3 intermediários e 3 fluentes.

Depois de obter esses dados com os alunos, procurei enquanto professora da turma avaliar o nível linguístico deles em todas as competências. De acordo com essa avaliação, conclui-se que todos os participantes possuem nível avançado na competência oral. Porém, um dos alunos possui nível intermediário na competência auditiva. Em relação à competência textual, pode-se dividir os alunos em 3 grupos: 2 alunos no nível A1-A2, 2 alunos no nível A2-B1 e 4 alunos no nível B2-C1. Esses níveis serviriam para análise do material escrito pelos alunos na fase de alfabetização, cujo

---

[28] http://www.dge.mec.pt/sites/default/files/Basico/Documentos/quadro_europeu_comum_referencia.pdf

objetivo era perceber, através de sua escrita, em que nível da alfabetização eles se encontravam e como eles poderiam desenvolver-se entre as fases de alfabetização para atingir um grau avançado de proficiência na competência escrita.

## 4. A ALFABETIZAÇÃO E LETRAMENTO EM POLH: EXEMPLOS DA AQUISIÇÃO ORTOGRÁFICA DE CRIANÇAS TEUTO-BRASILEIRAS EM MUNIQUE

Tanto o português quanto o alemão fazem parte da mesma família linguística: a indo-europeia. A língua alemã é a língua oficial da Alemanha, Áustria, Suíça e Lichtenstein, além da Itália e Bélgica. Ela é falada por cerca de 120 milhões de pessoas no mundo e tem o maior número de falantes nativos da Europa (GRAEFEN & LIEDKE, 2008) e também é língua minoritária de diferentes comunidades no mundo, fazendo dele a 13ª língua mais falada no mundo[29]. Já o português é a língua oficial de países na Europa, África, América do Sul e Ásia, sendo falada por cerca de 261 milhões de pessoas no mundo todo[30].

Ambas as línguas fazem uso do mesmo sistema de escrita: o

---

[29] O site ethnologue (LEWIS et al, 2016) tem uma lista com as línguas do mundo e as divide em diferentes categorias, como a de língua mais falada, em que o alemão é a 13ª e o português é a 6ª com o maior número de falantes no mundo.
[30] http://www.rtp.pt/noticias/pais/aumenta-numero-de-falantes-de-lingua-portuguesa_v962257

alfabeto latino, o que acaba ajudando os aprendizes dessas línguas. Porém, a correspondência grafofônica nas duas línguas é diferente e ocasiona problemas na aquisição ortográfica, seja como língua dominante ou LH. Levando isso em consideração, Dieling (1992) afirma que comparar conscientemente a LH com a língua dominante pode ser muito útil e cita como exemplo a letra <h>, que em português não tem som, mas em alemão só não representa algum som quando precedido de vogais longas (Dehnungs-h). Outro exemplo a ser citado e que os professores de POLH devem levar em consideração é o sistema silábico dessas línguas, uma vez que a formação silábica é de extrema importância para o aprendizado. São elas que dão o ritmo da língua e são apresentadas às crianças já no início de seu desenvolvimento, em forma de parlendas e outros jogos de palavras. Sabendo disso, é necessário sensibilizar o aluno a entender que a estrutura silábica dessas línguas difere e que para aprender a escrita em POLH, ele deve reconhecer a nova formação silábica a que estará sendo confrontado.

Analisando e comparando o sistema fonético de ambas as línguas e suas representações gráficas, o professor de POLH pode intuir quais serão as possíveis interferências apresentadas nas produções textuais de seus alunos, criando assim estratégias dentro das diferentes etapas da alfabetização para promover a aquisição ortográfica do

POLH. No caso descrito neste artigo, é importante saber que o inventário gráfico do alemão dispõe de 21 consoantes e 9 vogais[31], dentre os quais se encontram dois dígrafos <qu,ch> e um trígrafo <sch> bem como diversos ditongos, entre eles <ie>, <au>, <eu> e <ei> (DEL TORO, 2004, BUSCH & STENSCHKE, 2007, GRAEFEN & LIEDKE, 2008). Já no português encontram-se 16 vogais e 24 consoantes (MIRANDA et. al., 2005). Comparando esses sistemas, nota-se que nem todas as representações gráficas aparecem em ambas as línguas e nem da mesma forma, o que pode fazer com que o aluno ou tenha dificuldades para representar um som em POLH ou utilize-se de um grafema conhecido do alemão para representar o mesmo. A tabela abaixo mostra algumas das correspondências grafofônicas em ambas as línguas e que podem confundir o aluno:

---

[31] Esse número depende da classificação usada pelos autores para designar se um fonema faz parte do inventário alemão ou é considerado um alofone. (DUDEN, 2009:34)

| Vogais | Fonemas | Grafema alemão | Grafema português |
|---|---|---|---|
| | /ã/ | | <ã,am,an> |
| | /ɛ/ | <e, ä> | <é> |
| | /i,ɪ/ | <i,y> | <i> |
| | /aʊ/ | <au> | <au,ao,al> |
| | /aɪ/ | <ei,ai> | <ai,ae> |
| | /ɛʊ/ | | <el> |
| | /iʊ/ | | <il> |
| | /ɔʏ/ | <eu> | <oi> |
| | /ɔʊ/ | | <ol> |
| | /oʊ/ | | <ol> |
| Consoantes | /tʃ/ | <tsch> | <t> |
| | /dʒ/ | | <d> |
| | /k/ | <k,ck,c,g,ch,x,qu> | <c,qu> |
| | /g/ | | <g,l> |
| | /ɲ/ | <ng,n> | <nh,m> |
| | /f/ | <f,ff,v,ph> | <f> |
| | /v/ | <v,w> | <v> |
| | /s/ | <s,ss,ß> | <c,ç,s,ss,sc,sç,xc,x> |
| | /z/ | <s> | <s,z,x> |
| | /ʃ/ | <sch,s> | <ch,x> |
| | /X/³⁰ | <ch,g> | <r,rr> |
| | /h/ | <h> | <r,rr> |
| | /R/ | <r,rr> | <r,rr> |
| | /l/ | <l,ll> | <l> |
| | /ʎ/ | | <lh> |

Tabela 1: Correspondência grafofônica alemão-português: alguns fonemas.

Analisando a tabela, nota-se que em português existem diferentes formas de se representar um fonema, o que aumenta as possibilidades que o aprendiz tem de testar seus conhecimentos. Além disso, percebe-se também que alguns fonemas oferecem possibilidades diferentes de serem representados em ambas as línguas, ocasionando

---

32 Arquifonema representando /ç/ e /✠/

interferências do alemão no português, como é o caso de /f/ e /v/ ou de /h/ e /✠/.

Ao pensar na alfabetização em POLH de crianças alemãs, é necessário perceber não só as semelhanças e diferenças que levam à construção da consciência fonética em ambas as línguas como também analisar como é o sistema ortográfico delas. Assim, pode-se notar que em português, por exemplo, não só as letras fazem parte da ortografia como também os acentos. Enquanto isso, no alemão, é importante saber que a grafia em maiúsculas e minúsculas é muito importante para categorizar uma palavra. Todo esse processo deve ser internalizado pela criança e isto se dá levando em consideração as fases da alfabetização (pré-silábica, silábica, silábica alfabética e alfabética). Por isso, é necessário entender também quais correspondências grafofônicas são assimiladas primeiramente no processo de aquisição da língua. Para um falante teuto-brasileiro, essa correspondência grafofônica é de certa forma complexa, uma vez que o português brasileiro oferece diversas possibilidades de registro escrito de um som. Sendo assim, foram encontradas na pesquisa muitas interferências advindas do alemão, as quais podem ser divididas em categorias de representação das vogais e das consoantes, como as abaixo, e que aparecem no processo de alfabetização:

| Categoria | Português padrão | Possível representação de alunos teuto-brasileiros |
|---|---|---|
| Esquecimento do <e> no começo das palavras | escola | scola |
| Representação de vogais nasais através de <ng> | banho | bango |
| /ai/ é representado por <ei> | baixa | beischa |
| /❷i/ é representado por <eu> | boia | beuia |
| Antes de /◊/ foi acrescentado um h | filho | fihlo |
| Transferência de <k,w,s,h> | casa<br>vaca<br>cabeça<br>carro | kasa<br>waka<br>cabesa<br>caho |
| <lh> é representado por <lj> | toalha | toalja |

Tabela 2: Possível representação de palavras por alunos teuto-brasileiros

An Enquanto essas representações são encontradas na segunda fase da alfabetização (silábica), elas vão sendo substituídas por interferências ocasionadas pelo próprio sistema ortográfico do português nas fases seguintes. Assim, realizações que encontramos em textos de alunos monolíngues em alfabetização no Brasil podem ser encontrados também em textos dos alunos bilíngues de POLH. Alguns desses erros são:

▪ Esquecimento de vogais no final de palavras ou da semivogal em ditongos: <presente> = <prsent>, <cadeira> = <cadera>
▪ Epêntese de <ti> no lugar de <te> e de <di> no lugar de <de>: <futebol> = <futibol>, <cadeado> = <cadiado>

- Generalização de /e/ para <i> e de <o> para <u>: <esperto> = <isperto>, <lado> = <ladu>
- Generalização de /k/ para <c>: <quer> = <ce>
- <h> não é representado: <hoje> = <oje>
- <lh> é representado ou por <li> ou por <l>: <filho> = <filio>
- Redução de /m/ para <n>: <com> = <con>
- Generalização de <s>: <feliz> = <felis>
- Uso do <n> em lugar de <nd>: <cantando> = <cantano>

Analisando o material produzido pelos alunos no curso de alfabetização, notou-se que todos os alunos já haviam passado pela primeira fase – a pré-silábica – e por isso não foi possível registrar quais hipóteses poderiam aparecer neste momento da evolução no aprendizado. Já na segunda fase, as crianças priorizaram sons ou fonemas que conseguem identificar com facilidade. Este fenômeno é chamado de *letter naming* e consiste na representação gráfica de uma palavra ou sílaba através da letra (Del Toro 2004). Isso ocorre porque é possível ouvir o nome da letra na palavra e assim associar a escrita desta com a letra em questão. Um exemplo disto foi encontrado no corpus da pesquisa: <bebê> foi transcrito como <bb>. Além disso, nesta etapa nota-se que a interferência do alemão na escrita do português é grande e serve de base para a construção de hipóteses dos aprendizes. Exemplo nessa fase é que o alemão costuma interferir no uso da letra <f>, pois em alemão esse grafema representa dois fonemas: /f/ e /v/ e com isso, os alunos diversas vezes usam o <v> em detrimento do <f>, como no caso da palavra <falo> (<valo>).

Para trabalhar essas interferências e levar o aluno à próxima etapa, sugere-se atividades que confrontem os diferentes fonemas e seus respectivos grafemas, de forma que a criança possa repensar suas hipóteses. Assim, jogo da memória com palavras e imagens como o descrito no capítulo quatro deste livro são boas sugestões para trabalhar os pares mínimos, como faca e vaca. Atividades com frases que devem ser preenchidas com a palavra adequada dentro de um contexto são de suma importância quando se trabalha o letramento em POLH, pois não se trabalha só a alfabetização, como também conceitos. Na próxima etapa (silábico alfabética), a criança procura reproduzir graficamente todos os sons que fazem parte de uma palavra. A correspondência grafofônica é usada de forma estratégica na escrita e os erros nessa fase podem ser inerentes ao português como também uma interferência clara do alemão. Exemplos para essa fase são <doci e acabo> para <doce e acabou> ou <sätschi e Supeta> para <sete e chupeta>. Erros advindos do alemão, como os últimos exemplos dados tendem a desaparecer à medida que a criança se apropria das regras ortográficas do português. Esses serão, por sua vez, substituídos por hipóteses advindas do conhecimento da língua portuguesa, como é o caso da generalização do <i> e do <u> no final das palavras, entre outros problemas.

A última fase, a alfabética, apresenta estabilidade da escrita. Nessa fase, o aluno irá se ocupar de aproximar-se das regras ortográficas, utilizando-as adequadamente. Com a estabilidade na escrita das palavras e a sua adequação à fala, nota-se a ocorrência de generalizações, de hipercorreções e o uso inadequado de maiúsculas e acentos. No caso dos textos analisados, observou-se que o grafema <c> foi majoritariamente utilizado quando deveria aparecer o <q> (<porce>, <cinze>). Isso porque no momento em que realizaram essa representação escrita das palavras <porque> e <quinze>, eles sabiam que o <qu> existe em português, mas ainda não eram capazes de utilizá-los. Outro exemplo para essa fase é a importância dada à maiúscula. No alemão, os substantivos são escritos em maiúscula e os alunos transferem esse conhecimento ao português ao longo de todas as fases. Mas é na fase alfabética que eles começam a questionar o seu uso e ora escrevem os substantivos em maiúscula ora em minúscula. Levando em consideração os aspectos dessa fase, sugere-se atividades que levem o aluno a produzir textos e relê-los entre si, buscando eles mesmos reconhecerem onde estão seus problemas e solucionando-os antes da professora recebê-los e corrigi-los. Essa atividade vai ao encontro da teoria contrastiva, em que é importante comparar os conhecimentos adquiridos com os conhecimentos prévios transferidos da língua dominante. Dessa maneira, seguem adiante no processo de aquisição de uma língua. Além disso, a leitura deve ser parte essencial de todas as fases, variando o tipo e o tamanho do texto, dependendo do foco que se quer dar na aula. A tabela abaixo mostra a evolução da escrita dos alunos teuto-brasileiros que participaram da pesquisa. Nota-se nela a forma como escreviam as palavras durante as diferentes fases da alfabetização e como foram solucionando as questões ortográficas ao longo delas.

| Palavra em questão | Silábica | Silábico alfabética | Alfabética |
|---|---|---|---|
| Sete | Sätschi/ sätsche | Setchi/setchi | seti |
| Quer | ka/ Cä | ke | ce |
| vovô | Wowo | vowo | Vóvo |
| filho | Fihlo | filio | Filo/filhio |

Tabela 3: evolução da escrita dos alunos teuto-brasileiros através das fases da alfabetização

## 5. CONCLUSÃO

Levando em consideração as teorias apresentadas neste

trabalho, podemos dizer que o bilinguismo é um processo que pode ser atingido tanto de maneira simultânea quanto sequencial. Esse processo em LH também mostra que muitos bilíngues acabam por atingir diferentes graus de competência em relação à oralidade e a escrita. Isso pode ocorrer porque muitas vezes o estímulo para a oralidade é maior que o estímulo oferecido à escrita e também à leitura. Porém, pesquisas como as apresentadas neste artigo apontam para um movimento contínuo de incentivo à alfabetização bilíngue, isto é, o domínio de diferentes sistemas alfabéticos e suas regras ortográficas.

Dados colhidos com o grupo de crianças que estudam POLH em Munique, Alemanha, mostram que tanto a alfabetização simultânea quanto a sequencial são importantes para a aquisição total da LH, não importando qual o método a ser escolhido. Isso se dá possivelmente porque as hipóteses levantadas pelos aprendizes para o POLH advêm de seus conhecimentos fonológicos e metalinguísticos do português aliados ao conhecimento universal a todas as línguas. Assim, eles puderam utilizar não só de conhecimentos específicos à língua portuguesa como também fazer uso de seus conhecimentos do alemão para reproduzir textualmente o que desejam em português. Por isso, a importância do professor conhecer as relações grafofônicas da língua dominante e também do português, uma vez que ele irá se confrontar com as hipóteses do aluno acerca da língua e precisará identificar e analisar que tipo de erro ele está cometendo para assim, fazer a intervenção correta em sala de aula. Dessa forma, conhecer as fases da alfabetização e que tipos de hipóteses podem ser formuladas nelas é essencial para ajudar o aprendiz em seu processo de aquisição alfabética do POLH. Além disso, o professor deve ter consciência de que intervenções e atividades usualmente sugeridas a alunos monolíngues em processo de alfabetização do português muitas vezes não têm o mesmo efeito para um aluno de POLH. Isso porque o aluno de POLH chega à alfabetização com uma bagagem linguística advinda também de sua língua dominante, o que lhe possibilita utilizar conhecimentos prévios de representação escrita na LH, que pode ser explicada levando em consideração a teoria de proficiência subjacente comum de Cummins (2000).

Por fim, é necessário levar em consideração que o erro mostra onde o aluno se encontra em seu processo de alfabetização; se está trazendo interferências de sua língua dominante, apropriando-se da LH, ou cometendo "erros" que um monolíngue cometeria. Nesse caso, analisar os ditos "erros" e oferecer atividades que confrontem o aluno com seu conhecimento e o façam perceber as diferenças ortográficas de uma língua e outra, é tarefa essencial no processo de aquisição alfabética. Além da leitura de diferentes gêneros textuais, o professor pode fazer uso de jogos de associação de imagem e palavras, jogos da memória e atividades de escrita criativa bem como a discussão saudável sobre os conhecimentos que eles trazem de sua língua dominante, como descrito no capítulo quatro deste livro.

## AGRADECIMENTOS

Gostaria de agradecer aos alunos que participaram deste estudo cedendo suas atividades escritas e aos seus pais pelo constante apoio. Agradeço especialmente à Linguarte[33] e.V. por me permitir fazer parte da associação. Tenho muito orgulho do trabalho que realizam para o fomento do POLH com brasileirinhos a partir dos 3 anos em Munique.

## Referências

AMADO, R.; MATIAS, C.; FELGUEIRAS C. *Aumenta número de falantes de Língua Portuguesa.* [15 de novembro, 2016]. Disponível em: <http://www.rtp.pt/noticias/pais/aumenta-numero-de-falantes-de-lingua-portuguesa_v962257> Acesso em: 25/05/2017.

BEEMAN, K.. *Interview with Karen: On the Development of Biliteracy.* [20

---

[33] www.linguarte.de

de junho, 2015]. Washington D.C.: New America Education. Entrevista concedida a Amaya Garcia. Disponível em <https://www.newamerica.org/education-policy/edcentral/interview-karen-beeman-part-one/> Acesso em: 25/05/2017.

BUSCH, A.; STENSCHKE, O. *Germanistische Linguistik. Eine Einführung.* Tübingen: Narr, 2007, p. 60-69

CABRAL NOBRE, A. P. M.; DANTAS HODGES, L. V. S. *A relação bilinguismo-cognição no processo de alfabetização e letramento.* Ciênc. cogn., *vol. 15*, n° 3. 2010. p. 180-191. Disponível em: <http://pepsic.bvsalud.org/scielo.php?script=sci_arttext&pid=S1806-58212010000300015&lng=pt&nrm=iso> Acesso em: 11/08// 2016.

CUMMINS, J. *Language Interactions in the classroom: from coercive to collaborative relations of power.* In: Cummins, Jim. Language, Power and Pedagogy: bilingual children in the crossfire. Reino Unido: Cromwell Press, 2000, p. 31-50.

DEL TORO, I. M. C. *Zweitalphabetisierung und Orthographieerwerb. Deutsch-spanisch bilinguale Kinder auf dem Weg zur biliteralen Kompetenz.* Frankfurt am Main: P. Lang, 2004.

DIELING, H. *Phonetik im Fremdsprachenunterricht Deutsch.* Berlin: Langenscheidt, 1992.

DUDEN (2009) *Die Grammatik. Unentbehrlich für richtiges Deutsch.* Mannheim: Dudenverlag, 2009, p. 19-94

EICHLER, W. *Zu Utha Frith' Dreiphasenmodell des Lesen (und Schreiben) Lernens. Oder: lassen sich verschiedene Modelle des Schriftspracherwerbs aufeinander beziehen und weiterentwickeln?* IN: AUGUST, G. New Trends in Graphemics and Orthography. Berlin: De Gruyter, 1986, p. 234-247.

FLORY, E. V. *Influências do bilinguismo precoce sobre o desenvolvimento infantil: uma teoria a partir da equilibração de Jean Piaget.* Tese, Instituto de Psicologia, Universidade de São Paulo, São Paulo, Brasil, 2009. Disponível em: <www.teses.usp.br/teses/disponiveis/47/47131/tde.../FloryDoutorado

.pdf> Acesso em: 10/05/2016.

GARCÍA, O. *Bilingual Education in the 21st Century: A Global Perspective*, with contributions by Hugo Baetens Beardmore, Oxford: Wiley-Balckwell, 2009, p. 337-365.

GRAEFEN, G.; LIEDKE, M. *Germanistische Sprachwissenschaft*. Tübingen: Narr, 2008, p. 199-245.

GÜNTHER, B. & GÜNTHER, H. *Erstsprache, Zweisprache,Fremdsprache. Eine Einführung*. Weilheim und Basel: Beltz, 2007.

HORNBERGER, N.H. *Criando Contextos Eficazes de Aprendizagem para o Letramento Bilíngüe*. Tradução de Assis-Perterson, A. A.; Pagliari, M. I. Cox. In: COX, M.I.P.; ASSIS-PETERSON, A.A. Cenas de Sala de Aula. Campinas, São Paulo: Mercado de Letras, 2001, p. 23-50.

JAMES, A. *The acquisition of a second language phonology. A linguistic theory of developing sound structures.* Tübingen: Narr, 1988.

LEWIS, M.P.; GARY, E.S.; CHARLES, D. F. (eds.) *Ethnologue: Languages of the World*. 19ª edição. Dallas: SIL International. Disponível em: <http://www.ethnologue.com> Acesso em: 20/09/2016.

LICO, A. L. C. *Ensino do Português como Língua de Herança: Prática e Fundamentos*. Rev. SIPLE, Brasília, n°1, 2011. Disponível em: <http://www.siple.org.br/index.php?option=com_content&view=articl e&id=177:2-ensino-do-portugues-como-lingua-de-heranca-pratica-e-fundamentos&catid=57:edicao-2&Itemid=92> Acesso em: 15/05/2016.

MIRANDA, A. R. M.; SILVA, M. R.; MEDINA, S. Z. *O sistema ortográfico do português brasileiro e sua aquisição*. In: Revista Linguagens e cidadanias, *vol.*15, n° 2, 2005. Disponível em: http://www.ufsm.br/lec/02_05/Ana.pdf Acesso em: 15/05/2016.

RIEHL, C. M. *Mehrsprachigkeit. Eine Einführung*. Darmstadt: Wissenschaftliche Buchgesellschaft, 2014.

SOARES, M. *Letramento e alfabetização: as muitas facetas*. Rev. Bras. Educ., Rio de Janeiro, n° 25, p. 5-17, 2004. Disponível em

<http://www.scielo.br/scielo.php?script=sci_arttext&pid=S1413-24782004000100002&lng=en&nrm=iso>. Acesso em: 20/07/2016.

SPINASSÉ, K. P. *As interferências da Língua Materna e o aprendizado do Alemão como Língua Estrangeira por crianças bilíngues.* In: Pandemonium germanicum: revista de estudos germânicos. São Paulo: DLM-USP, *vol.* 10. n°1, p. 339-362, 2006. Disponível em: <https://disciplinas.stoa.usp.br/pluginfile.php/243082/mod_resource/content/2/PUPP%20SPINASS%C3%89%2C%20K.%20-%20As%20interfer%C3%AAncias%20da%20l%C3%ADngua%20materna%20%282006%29.pdf> Acesso em: 18/10/ 2016.

SURD-BÜCHELE, S. *Bilingualer Schriftspracherwerb. Kognitive Voraussetzungen und gesellschaftliche Rahmenbedingungen aus kulturhistorischer Perspektive.* Berlim: Lehmanns Media. 2009.

VALDÉS, G. (2001). *Heritage languages students: Profiles and possibilities.* In: Peyton, J. K.; Ranard,D. A.; McGinnis, S. Heritage languages in America: Preserving a national resource Washington, DC: Center for Applied Linguistics/Delta Systems, p. 37-77. Disponível em: <http://www.linguas.net/LinkClick.aspx?fileticket=pvMGYpDt2OO%3D&tabid=695&mid=1356&language=en-US> Acesso em: 19/10/2016.

WOLFF, D. *Mehrsprachigkeit, Spracherwerb und Sprachbewusstheit.* In: Neuland, Eva. Variation im heutigen Deutsch. Frankfurt a.M.: Lang, 2006.

TEKIN, Ö. *Grundlagen der kontrastiven Linguistik in Theorie und Praxis.* Tübingen: Stauffenburg Linguistik. 2012, p.143-158.

TORETI, G.; RIBAS, L. P. *Aquisição fonológica: descrição longitudinal dos dados de fala de uma criança com desenvolvimento típico.* Letronica, *vol.*3, n°1, 2010 Disponível em: <http://revistaseletronicas.pucrs.br/ojs/index.php/letronica/article/view/7097> Acesso em: 16/05/2016.

# CAPÍTULO 5

## Material didático para o ensino de POLH

Rita Dorneles
ABRIR - Associação Brasileira
de Iniciativas Educacionais no Reino Unido

## 1. INTRODUÇÃO

Durante muito tempo, considerou-se material didático qualquer recurso utilizado para o ensino em sala de aula. Materiais conteudísticos e informativos eram utilizados para satisfazer a prática pedagógica do ensino tradicional, na qual o principal objetivo era a transmissão de conhecimento pelo professor a seus alunos. Com o passar do tempo, o ensino deixou de ser centrado no professor e passou a priorizar a construção do conhecimento pelo próprio aluno. A partir de então, a gama de materiais didáticos aumentou significativamente.

Mas como materiais didáticos podem ser usados nas aulas de Português como Língua de Herança (POLH)? Para responder essa pergunta é preciso antes entendermos o que é língua de herança. Para Souza e Barradas (2014), é a língua "transmitida (formal e/ou informalmente) por pais emigrantes (que a têm como língua materna) aos seus filhos que crescem no exterior" (SOUZA e BARRADAS, 2014). Mendes (2012) ressalta que essa transmissão se dá devido à preocupação dos pais em deixarem um legado linguístico e cultural para seus filhos. Assim, diferentemente do ensino regular, no ensino de POLH não podemos nos preocupar apenas com a sistematização do ensino da língua, é preciso considerar o ensino da brasilidade como forma de criar um sentimento de pertencimento àquela língua e cultura, sem nos esquecermos de que o aluno é influenciado também pela cultura do país onde vive, cuja língua faz parte do seu dia a dia, como salientado por Souza (2017, neste volume). Por isso, as aulas de POLH se investem de diversidade cultural, dando um sentido multicultural e intercultural à dinâmica pedagógica e enriquecendo ainda mais o universo linguístico dos alunos. Por ser o Brasil tão grande e tão diversificado em termos de cultura e variedades linguísticas, precisamos também nos instrumentalizar com recursos didáticos para que essa multiplicidade cultural e linguística enriqueça as aulas de POLH com uma proposta intercultural.

Consequentemente, este artigo tem o intuito de apresentar e discutir a utilização de material didático no ensino de POLH. Com esse fim, uso exemplos da minha experiência com crianças e jovens entre os 11 e os 16 anos de idade na Inglaterra. Inicio este artigo abordando questões gerais sobre material didático em relação a interculturalidade. A seguir, questões específicas a material didático em contexto de ensino de POLH são discutidas. Nessa mesma seção, relato minha experiência através de exemplos de aulas que ministrei. Por último, nas considerações finais, alguns aspectos que possibilitam novas discussões e perspectivas sobre material didático com fragmentos da cultura local para uma ambientação dos alunos de POLH como parte de um mundo globalizado são pontuados.

## 2. DEBATES GERAIS SOBRE RECURSOS DIDÁTICOS E INTERCULTURALIDADE

Ao refletir sobre o tema deste artigo, é de suma importância esclarecer em primeiro plano alguns conceitos e teorias da pedagogia que podem embasar e fundamentar a nossa prática docente. Como pedagoga, o meu foco não está na língua em si, mas na forma de ensinar, na prática pedagógica, na metodologia, na educação. Como educadores, antes de estabelecermos um plano para nossas aulas e escolhermos os recursos didáticos que iremos utilizar, é importante compreendermos como a aprendizagem se desenvolve, de que forma as crianças aprendem e como se dá a aquisição da linguagem. Por ser um assunto tão amplo, com inúmeros estudos que nos oferecem várias respostas para essas questões e que podem nos levar a vários caminhos distintos dentro da nossa prática, vamos discutir aqui alguns aspectos envolvidos no processo de aprendizagem segundo alguns teóricos.

Para Piaget, o desenvolvimento cognitivo de um ser humano obedece uma sequência de maturação, na qual uma etapa prepara o indivíduo para a etapa seguinte, construindo, assim, uma forma de corrente entre um ponto e outro do desenvolvimento (PALANGANA, 2015). Cada etapa cria/propõe níveis de complexidade diferentes entre um momento e outro do processo. Assim, uma criança desenvolve gradativamente seu conhecimento, aprendendo com a observação e prática, desde que esteja maturamente preparada para tal construção.

A teoria construtivista de Piaget defende que a criança é capaz de construir seu próprio conhecimento quando pode agir sobre o objeto, quando pode criar hipóteses sobre o que observa e é capaz de descobrir possibilidades de resultados diferentes sobre o mesmo conhecimento. Desta forma, Palanga (2015) entende que "[o] conhecimento é sempre produto da ação do sujeito sobre objeto. Neste sentido, a operação é a essência do conhecimento: a ação interiorizada modifica o objeto do conhecimento, impondo-lhe uma ordenação no espaço e no tempo" (p. 57-58). Assim, consideramos que a criança assimila o que observa e pratica, entende e aprende desde que esteja pronta para essa aprendizagem. Nesse caso, as condições de aprendizagem da criança estão divididas por níveis de desenvolvimento cognitivo, que estabelecem estágios diferentes tendo como referência a faixa etária.

Outro teórico importante na pedagogia é Lev Vygotsky, contemporâneo de Piaget. Vygotsky afirma que

"Pode-se distinguir, dentro de um processo geral de desenvolvimento, duas linhas qualitativamente diferentes de desenvolvimento, diferindo quanto à sua origem: de um lado, os processos elementares, que são de origem biológica; de outro, as funções psicológicas superiores, de origem sociocultural. A história do comportamento da criança nasce do entrelaçamento dessas duas linhas" (VYGOTSKY, 1988 *apud* PALANGANA, 2015: p. 78).

Entende-se, portanto, que a teoria de Vygotsky defende que

a aprendizagem sempre inclui relação entre as pessoas e o meio. É a partir da interação social que as crianças desenvolvem o controle consciente de comportamento. Para Vygotsky, o indivíduo constrói seu conhecimento através da comunicação com o mundo, com o outro, utilizando a interação entre a linguagem e a ação como lugar da aprendizagem, como podemos observar na colocação de Palangana (2015):

"Interagindo com as pessoas que integram seu meio ambiente, a criança apreende seus significados linguísticos e, com eles, o conhecimento de sua cultura (...) O processo de apropriação do conhecimento se dá, portanto, no decurso do desenvolvimento de relações reais, efetivas, do sujeito com o mundo." (p.108).

Podemos entender assim, que, para Vygotsky, a aprendizagem é uma experiência social, na qual o indivíduo interage com o meio.

Ao observarmos e refletirmos sobre as teorias da aprendizagem defendidas por Piaget e Vygotsky apresentadas neste texto, percebemos que é preciso desenvolver planos de aula que permitam que a criança construa seu conhecimento através da observação do mundo e com a interação com o meio. É preciso estimular as crianças de forma positiva e constante para que essa construção ocorra proporcionando a internalização desse conhecimento. Ressalto que o planejamento das aulas é muito mais que um ato burocrático e automatizado para um professor. Para entendermos a importância e a intencionalidade de um plano de aula, observemos a seguinte definição:

"Planejar, em sentido amplo, é um processo que visa dar respostas a um problema, através do estabelecimento de fins e meios que apontem para a sua superação, para atingir objetivos antes previstos, pensando e prevendo necessariamente o futuro, mas sem desconsiderar as condições do presente e as experiências do passado, levando-se em conta os contextos e os pressupostos filosófico, cultural, econômico e político de quem planeja e de com quem se planeja." (PADILHA, 2001 *apud* THOMAZI & ASINELLI, 2009).

Assim, é possível entender que a intencionalidade do planejamento é a de solucionar o problema de aprendizagem que se tem em mãos, considerando sempre para quem planeja, quem é o seu aprendente. Ao preparar o plano de aula, o professor precisa ter em mente os seus objetivos, o que pretende alcançar com aquela aula e de que forma quer que seus alunos cheguem às suas descobertas e experiências. Dessa forma, o professor deve planejar suas atividades de maneira a oferecer desafios para que a criança crie hipóteses, com oportunidade de experimentar, observar e interagir com o que se pretende ensinar, sem que necessariamente a aula seja maçante com regras gramaticais ou produções de texto sem finalidades. Os recursos podem ser utilizados e reutilizados de forma inovadora, motivadora e criativa, incentivando e estimulando a curiosidade dos alunos. Porém, é importante lembrar que nenhum material ou recurso didático sozinho irá garantir a aprendizagem de um determinado tema ou assunto. Materiais e recursos exercem a função de mediadores (ou espaços de aprendizagem) entre professores e alunos, e, portanto, integram um ciclo maior do processo de ensino e aprendizagem.

De acordo com Mendes (2012), "[e]m uma abordagem intercultural, as experiências de ensinar e aprender uma nova língua-cultura devem ser significativas, desenvolvidas dentro de contextos e voltadas para a interação entre os sujeitos participantes do processo de aprendizagem" (p.364). Pensar em aulas que utilizem recursos didáticos como mediadores ou espaços de experiências e aprendizagens ricas em linguagem e cultura, e desenvolver propostas inovadoras de materiais didáticos interculturais são um desafio para os professores de língua de herança, como discutido a seguir.

## 3. QUESTÕES ESPECÍFICAS EM RELAÇÃO AO ENSINO DE POLH

Ensinar POLH, terminantemente, não é ensinar língua portuguesa. É utilizar a língua portuguesa como meio de comunicação para criar uma atmosfera de pertencimento àquela língua e cultura. Conforme Mendes (2015) nos leva a refletir, uma língua-cultura é um modo de ser e de viver em uma língua, de se comportar socialmente nessa língua, fazer parte de sua identidade. Por conseguinte, ainda segundo a mesma autora,

"Aprender uma língua como o Português, por exemplo, não significa apenas dominar uma cultura de ilustração, seja ela brasileira, portuguesa ou cabo-verdiana, mas aprender a estar socialmente em português, o que envolve muito mais coisas do que simplesmente o domínio de formas linguísticas e de curiosidades da língua-alvo" (MENDES, 2015, p. 86).

Em POLH, não tratamos o português como um idioma, até porque não basta aprender o idioma, é preciso ir muito mais além. É preciso sair do âmbito do ensino sistemático da língua em si, ou seja, o ensino da gramática, e criar oportunidades, através de atividades diversificadas e interculturais, para que o aprendente crie sua própria identidade baseado na sua ligação afetiva àquela língua e cultura que ele aprende, agregando aspectos da cultura de onde vive e da qual se sente parte. Assim, entendemos quando Mendes (2015) diz que aprender uma língua-cultura de herança não significa um simples retorno nostálgico às origens, já que este aprendizado está continuamente em processo de construção.

Conhecer gostos, preferências e hábitos dos brasileiros ajudam os nossos brasileirinhos a entender a cultura e se ver como parte dela. Mas, o Brasil é igual para todos os brasileiros? O Brasil do carioca é igual ao Brasil do mineiro? Esses questionamentos surgem quando percebemos que, ao falar de gostos, preferências e hábitos em sala de aula, alguns alunos identificam imediatamente como algo que conhecem por causa de seus pais e outros desconhecem pelo mesmo motivo.

## 3.1 Relato de uma novata em POLH — Início de uma trajetória profissional

Mendes (2015) enfatiza a importância da mediação cultural no ensino e aprendizado de POLH. Essa mediação contribui para o sentido de interculturalidade, isto é, para o diálogo inter/entre culturas para uma convivência mais democrática (Mendes, 2012). Além disso, discutir diversidade aberta e explicitamente enriquece o aprendizado da língua e favorece o sentimento de pertencimento a um país de grandes semelhanças e diferenças regionais, como o Brasil, sem deixar de pertencer a seu país de acolhimento (ver Souza, 2017 - neste volume).

Porém, ao iniciar a minha trajetória no ensino do POLH em 2012, não conhecia essas perspectivas e, portanto, não entendia o conceito de língua de herança. Dessa forma, não era claro o que deveria ensinar, quais eram os objetivos e os conteúdos para aquele tipo de ensino. Ninguém era capaz de me informar o que eu tinha que fazer. Senti-me perdida sem saber exatamente para onde levar a minha turma, como discutido mais detalhadamente em Dorneles & Souza (2016). O problema, para mim, estava na falta de currículo e de objetivos claros em relação ao POLH.

## 3.2 Relato de uma novata em POLH – Descrição de contexto profissional

As diferenças de idade, maturidade e proficiência na língua me surpreenderam bastante, uma vez que a realidade dos alunos do POLH está muito distante da realidade de uma turma regular com alunos que nasceram e cresceram no Brasil.

As escolinhas de português procuram dividir as crianças por faixa etária e nível de proficiência na língua. Entretanto, não é possível criar turmas com todos os alunos com a mesma idade (desenvolvimento cognitivo) e mesma proficiência linguística (nível de linguagem falada e escrita em português). Assim, as turmas comportam crianças com pelo menos 3 anos de diferença nas idades e a proficiência pode variar de iniciante a avançada, e em algumas turmas – os mais novos normalmente – a proficiência pode variar do zero (nenhuma proficiência em português) a falantes fluentes.

Assim, há alunos que possuem um domínio muito bom da língua, mas há outros que ainda precisam desenvolver muito a oralidade. Uns nasceram no país onde vivem, outros vieram muito jovens do Brasil, outros ainda chegaram já crescidos. Alguns exercitam a linguagem em português com frequência, outros apenas quando estão na escolinha. Essa diversidade de habilidades em uma mesma sala de aula torna-se um desafio para o professor.

Esse desafio é ainda maior quando se trata de uma turma de jovens, pré-adolescentes e adolescentes, que já frequentam a escolinha de português há algum tempo e que não praticam o português com frequência fora das aulas de português. Essa pluralidade de culturas e do domínio da língua dentro e fora das classes/turmas de escolinhas de português, foi retratada por Souza (2016) que observou em seu estudo que

"a familiarização que possuem com a cultura brasileira ocorre de maneira limitada (...) o pluralismo linguístico e cultural da Europa começa em casa. Então, fica clara a relevância de se valorizar dentro das aulas de POLH também as heranças linguísticas e culturais que as crianças vivenciam fora delas" (p.10).

## 3.3 Relato de uma novata em POLH – Uma turma em específico

A minha turma especificamente era uma turma de preparatório para o exame de certificação da escolaridade secundária na Inglaterra chamado GCSE[34]. Era necessário, então, fazer um levantamento do nível de proficiência oral e escrita na língua para poder traçar os objetivos das minhas aulas. Durante as conversas com os alunos, percebi que quase todos tinham um bom nível oral, apresentavam erros tradicionais para falantes de inglês, como por exemplo, confusão nos artigos e conjugação inadequada dos verbos. Mas, eram capazes de se comunicar em português oralmente.

Todos os alunos me faziam a mesma pergunta: o professor que aplica o teste oral será brasileiro? Essa pergunta

---

[34] O *General Certificate of Secondary Education* (GCSE) é um exame academicamente rigoroso de qualificação em várias disciplinas, algumas obrigatórias como a matemática e o inglês, outras opcionais como artes, dança ou línguas modernas extracurriculares como a língua portuguesa, polonês e outras. Esse exame é aplicado nas escolas secundárias ao final da escolaridade obrigatória no 11º ano.

escondia um certo medo e também uma resistência à variante europeia da língua portuguesa. Esse desconforto dos alunos e também dos pais acabou servindo de ponto de partida para a elaboração do meu currículo programático no primeiro ano. Era preciso definir as estratégias a serem utilizadas para que o objetivo de os alunos construírem seus próprios conhecimentos baseados em experiências e interação fossem de fato atingidos.

Partindo do questionamento sobre como a língua portuguesa foi parar no Brasil, fizemos um passeio rápido pela história do descobrimento do país. Com o firme objetivo de desmistificar o pensamento de que português europeu é difícil ou uma língua diferente e incompreensível, as aulas ganharam sotaques e os recursos didáticos passearam entre mapas, globo terrestre e muitos vídeos e áudios em português europeu. Os jovens, em um primeiro momento, foram convidados a serem portugueses desbravadores, que saíam para o mar sem medo em busca de novas terras. Construíram suas próprias caravelas, e contaram as suas próprias estórias sobre como teriam descoberto o Brasil, quem e o que encontraram lá, como se comunicaram com os nativos e como ensinaram a sua língua a eles. Eles praticaram a língua em várias habilidades ao escreverem suas estórias e depois ao encenarem-na para os pais, ao construir uma caravela e aprender vocabulários diferentes.

Ao brincar com os sotaques e vocabulários diferentes entre índios, portugueses e brasileiros. Era a prática da teoria, enriquecendo aquele início de ano escolar.

Os desafios eram constantes, pois eu não conhecia nenhum material específico para língua de herança. O que eu encontrava era sempre voltado às classes regulares das escolas brasileiras ou portuguesas, e às vezes a linguagem era muito infantil ou muito complexa para a média do nível de proficiência dos meus alunos. Então resolvi escrever meus próprios textos baseando-me nos livros didáticos fornecidos pela ABRIR e pelo Consulado do Brasil em Londres através do programa de doação de livros do FNDE à escolinha. Tudo isso foi feito considerando sempre o conhecimento que os alunos já tinham da língua, mas também oferecendo desafios linguísticos para que pudessem evoluir. Em todas as aulas, nós trabalhávamos a leitura e escrita na mesma medida. Sempre lançava mão de recursos didáticos com que eles pudessem se divertir e interagir durante a aula. Como exemplo, cito uma aula de cerâmica na qual esculpiram sua própria cerâmica Marajoara, depois de estudarmos sobre os índios da Ilha de Marajó. Seguimos assim por todo o ano letivo, descobrindo as regiões brasileiras e toda a sua diversidade cultural e linguística. Outras formas de trabalhar a criatividade e interação da turma foi, por exemplo, pesquisa de imagens de pontos turísticos do Brasil. Essas imagens foram utilizadas na montagem de um guia que foi entregue aos pais no final do ano letivo.

Para levar aos alunos de herança a diversidade brasileira em termos de folclore, cultura e linguagem é possível lançar mão das experiências e vivências dos pais como recurso didático. No meu primeiro ano trabalhando com POLH, estudamos as regiões do Brasil. Com o projeto "Conhecendo o Brasil", recursos como vídeos de turismo regional e músicas foram largamente utilizados como forma de divulgar a região a ser estudada. Os alunos eram questionados se havia em nossa sala de aula alguém cujo o pai ou a mãe (às vezes eles mesmos) eram daquela região e de qual estado daquela região eles eram. A partir daí, os pais passavam a sujeitos geradores de narrativas com experiências utilizáveis pedagogicamente.

Interagindo com o desconhecido ou pouco conhecido, os alunos poderiam construir uma imagem distinta da que possuíam do Brasil. Com essa finalidade, durante as aulas da Região Nordeste, recebemos uma mãe contando (ou cantando) um cordel com toda a riqueza da sua linguagem nordestina. Ao estudarmos o Sul, um pai gaúcho, além de nos emprestar a sua cuia de chimarrão, foi à sala de aula ensinar como preparar um bom mate e falar das curiosidades do Rio Grande do Sul. Com essas aulas, os alunos puderam observar as várias formas de se falar português dentro do

Brasil, diferenciar as culturas regionais e experimentar um Brasil diferente do que eles tinham em mente, que vai além do carnaval e da festa junina.

É preciso ter em mente, também, que esses alunos crescem com experiências linguísticas e culturais fora do Brasil - no caso, na Inglaterra – e podem também ter ligações com outras línguas e culturas em casa, caso tenham familiares de ainda outros países. Esse misto de cultura e identidade faz nossa aula transitar sempre por vários caminhos, culturas e falares, obrigando-nos, assim, a respeitar os conceitos de interculturalidade em que várias culturas convivem harmonicamente, respeitando-se mutuamente.

## 4. CONSIDERAÇÕES FINAIS

As aulas de POLH devem ser dotadas de significados e objetivos que ultrapassem a simples aquisição da língua enquanto forma, e que desenvolvam/estimulem também todo um comportamento social e cultural em português. Para isso, é necessário traçar objetivos claros do que se pretende ensinar àqueles alunos. Cada aluno é uma história, cada um tem uma experiência com suas descobertas e vivências próprias que tem muito a ensinar e a aprender. É preciso pensar aulas que tragam para o aprendizado o prazer de usar a língua, de se sentir brasileiro.

Ao entendermos a nossa prática pedagógica em POLH como algo diferente de ensinar um idioma ou uma disciplina com tópicos definidos sistematicamente, concluímos que a escolha de como iremos trabalhar essa herança, de que forma iremos levar língua e cultura aos nossos alunos é a chave para a escolha dos recursos que usaremos e merece uma atenção especial.

É preciso conhecer as necessidades da turma em questão, entender o que os pais desses alunos esperam e definir claramente os objetivos que nortearão as aulas. A partir daí, lançar mão de todos os recursos que estejam ao alcance, como vídeos, músicas, internet, passeios com as crianças, pais e até aproveitar a visita de um avô ou uma avó para falar sobre algum tópico. Enriquecer as aulas com experiências significativas que promovam em nossos alunos a curiosidade e o desejo de saber mais e se sentir parte da história e da cultura que vê e ouve é o grande desafio de um professor de POLH.

## Referências

DORNELES, R. & SOUZA, A. Brazilian Portuguese as a community language: the training journey of a teacher in London. *Language Issues*,

27, 1, pp. 49-54. 2016.

FREITAS, O. *Equipamentos e materiais didáticos*. Brasília: Universidade de Brasília, 2009

GREGORY, E. & WILLIAMS, A. Siblings bridging literacies in multilingual contexts. *Journal of Research in Reading*, 24, 3, pp. 248-265. 2001.

LAJOLO, M. Material Didático: Um (quase) manual de usuário. *Em Aberto*, 16, 69, Brasilia,1996.

LEÃO, D.M.M. Paradigmas Contemporâneos de Educação: Escola Tradicional e Escola Construtivista. *Scielo*. Disponível em <http://www.scielo.br/pdf/cp/n107/n107a08.pdf> Acesso em: 16 Abr. 2016.

MANTOVANI, K.P. *O Programa Nacional do Livro Didático - PNLD: impactos na qualidade do ensino público*. São Paulo, Brasil: USP, 2009.

MENDES, E. Aprender a ser e a viver com o outro. In D. Scheyerl & S. Siqueira (Orgs.) *Materiais didáticos para o ensino de línguas na contemporaneidade: contestações e proposições*. pp. 356-378. Salvador: EDUFBA, 2012.

MENDES, E. Vidas em Português: perspectivas culturais e identitárias em contexto de português como língua de herança (PLH). In K. Chulata (Org) *Português como Língua de Herança: Discursos e Percursos*, Lecce, Itália: Pensa MultiMedia.

PALANGANA, I. C. *Desenvolvimento e Aprendizagem em Piaget e Vygotsky: A relevância do Social*. [6.ed.] São Paulo, Brasil: Summus, 2015.

SOUZA, A. *O Ensino de Português Brasileiro na Inglaterra: Uma Língua de Herança ou Língua Comunitária?* In A. Souza & C. Lira (Orgs) POLH (Português como Língua de Herança) na Europa. Londres: JNPAQUET Books Ltd. 2017.

SOUZA, A. O português em Londres: aprendizes em um contexto de herança e suas implicações curriculares. In M. L. Ortiz & L.Gonçalves

(Orgs) O mundo do português e o português no mundo afora: especificidades, implicações e ações. Campinas, Brasil: Pontes. pp.100-113. 2016.

SOUZA, A. & BARRADAS, O. Português como Língua de Herança: Políticas Linguísticas na Inglaterra. In: Revista SIPLE, vol 6, artigo 1, 2014.

THOMAZI, A. R. G. & ASINELLI, T. M. T. Prática Docente: Considerações sobre o planejamento das atividades pedagógicas. *Educar,* 35, pp. 181-195, 2009.

# Seção II
# Projetos de incentivo ao ensino de POLH

# APRESENTAÇÃO

## Percursos no ensino do português como língua de herança

O ensino do Português como Língua de Herança é realizado, em geral, a partir de iniciativas de pais e educadores que, tendo o português como língua materna, vivem em países não lusófonos e entendem a necessidade de manter os laços linguísticos e culturais com suas origens. Afinal, como destaca Leila Santos no Capítulo 9, é importante que os filhos e filhas de famílias lusófonas que vivem em / com outra(s) língua(s) majoritária(s) (e minoritárias) possam se comunicar com seus parentes que falam português sem que os pais tenham que servir de tradutores. Os Capítulos 6 a 13 deste volume descrevem as experiências das autoras em relação ao ensino da língua-cultura de herança em diferentes localidades, incluindo relatos sobre organizações que atuam como ligação entre as iniciativas que desenvolvem esse ensino.

Como mencionado por várias das autoras, a manutenção e o desenvolvimento de uma língua de herança exige o comprometimento da família. Rocha (2015) destaca a importância da política linguística familiar para o êxito da transmissão da língua de herança, afirmando que essa política é "a base norteadora do processo de transmissão da língua de herança" (p. 87). Rocha menciona ainda que o insumo linguístico não é a única condição para a aquisição da língua. A interação, lembra a autora, é fundamental no processo de aquisição de uma língua. A importância da interação na língua de herança também é destacada por Lico (2011), que aponta que o uso da língua (no nosso caso, o português) por imigrantes no país de acolhida, em diversas situações, reflete a autoimagem desses imigrantes: ao usar o português, mostram e transmitem aos seus filhos e filhas o orgulho da sua língua-cultura de origem. Essas ideias reforçam o que é sublinhado por Flores (2015): a exposição passiva à língua de herança não é suficiente para a aquisição. As crianças precisam utilizar a língua rotineiramente e quanto maior é o insumo linguístico, mais proficientes são os falantes de uma língua de herança.

É com o intuito de auxiliar as famílias no esforço de transmissão linguística que muitas pessoas, como as autoras dos capítulos que se seguem, buscam maneiras de reunir de modo regular e sistemático as crianças que falam português.

E foi assim que surgiram várias das organizações descritas nos capítulos a seguir, todos estruturados com as seguintes seções: Introdução, Histórico, Dados contextuais (esta dividida em Brasileiros na região, Famílias ligadas ao projeto, Perfil dos professores), Conquistas, Desafios e Conclusões.

No Capítulo 6, Miriam Müller Vizentini discorre sobre a construção de um currículo para a ABEC (Associação Brasileira de Educação e Cultura), que se situa na Suíça alemã. À luz do conceito de equipe educativa (CLÉMENT; GIRARDIN, 1997), a autora destaca o papel da família nessa equipe e ressalta que a escola pode apenas complementar, nunca suprir a falta do uso da língua em casa e em outros ambientes. Mesmo enfrentando desafios, a ABEC logrou elaborar um currículo, levando em consideração as necessidades do público-alvo e os contextos em que se encontram para definir objetivos gerais e conteúdo do currículo.

O Capítulo 7, de autoria de Magaly Dias de Quadros, delineia o surgimento da Hora do Conto em Dubai, uma iniciativa gerada a partir da preocupação da autora em preservar as habilidades linguísticas e culturais de sua filha. Tendo iniciado os encontros em sua própria casa, a autora logo percebeu que sua experiência como professora de português no Brasil não podia ser completamente transferida para o contexto em que se encontrava. Assim, buscou informações e hoje promove encontros não apenas para as crianças, mas também para mães, no intuito de discutir os conceitos de bilinguismo e de língua de herança.

Ana Luiza de Souza, autora do Capítulo 8, fala da Casa do Brasil em Florença e explica as dificuldades encontradas para abrir iniciativas formais na Itália. Tendo encontrado um grupo de brasileiros na rede social Facebook, a autora liderou a formação da Casa do Brasil, que começou em 2014 com a comemoração do Dia Mundial do Português como Língua de Herança (16 de maio). Depois de obter espaço para a Casa, contatou a embaixada brasileira para obter livros e abrir uma minibiblioteca (com apoio da Mala de Leitura de Munique).

O Projeto Pirulito, que também ocorre na Itália, é o tema do Capítulo 9. Nesse capítulo, Leila Santos descreve o projeto desenvolvido na região de Valdobbiadene, no norte do país. Como em muitos casos, o Projeto Pirulito surgiu a partir da experiência da autora como mãe e a necessidade de que seu filho se comunicasse com os avós. O projeto, que também conta com o apoio da Mala de Leitura, possibilita encontros entre crianças que utilizam a língua portuguesa.

Cíntia Godoy e Christina Litran mostram a trajetória da Bilingua e.V., em Berlim, no Capítulo 10. A associação oferece a cerca de 30 famílias brasileiras, portuguesas e africanas lusófonas a oportunidade de vivenciar sua cultura de origem. Como os casais normalmente são mistos (ou seja, um/a falante nativo/a de português e outro/a não), muitas famílias não usam o português em casa. Diante dessa realidade, a Bilingua e.V. proporciona várias atividades, inclusive aulas de português como língua estrangeira, alemão para falantes de português e encontros para bebês de 3 a 12 meses.

A Linguarte e.V., apresentada por Camila Lira no Capítulo 11, é uma organização, situada em Munique, que realiza formações pedagógicas e oferece apoio aos pais, além de trabalhar com o ensino de língua. A autora argumenta que o êxito do trabalho da organização (que viu um impressionante crescimento de 800% em 8 anos) está ligado ao comprometimento das famílias com a associação. No entanto, é preciso ainda trabalhar no sentido de conscientizar a comunidade alemã a respeito das vantagens do bilinguismo, já que muitos ainda não compreendem os benefícios de continuar desenvolvendo uma língua de herança.

Os Capítulos 12 e 13 apresentam instituições que trabalham junto às iniciativas de ensino. No Capítulo 12, Cláudia Garwood e Ana Souza discutem trabalhos em parceria, como aquele realizado pela ABRIR (Associação Brasileira de

Iniciativas Educacionais no Reino Unido). As funções da ABRIR incluem o apoio a escolas e grupos já existentes, além do auxílio na formação de novos grupos. A associação também representa os grupos que trabalham com Português como Língua de Herança no Reino Unido junto ao governo brasileiro. As realizações da ABRIR foram reconhecidas de várias maneiras, inclusive com prêmios, mostrando que é possível (e, segundo as autoras, necessário) que as instituições que ensinam Português como Língua de Herança se unam e lutem em prol de um objetivo comum.

O texto de Maria José Maciel, no Capítulo 13, discorre sobre o Elo Europeu, que procura representar a Europa como uma região integrada, aumentando assim a visibilidade e a influência das organizações que trabalham com Português como Língua de Herança no continente junto às autoridades competentes. O Elo Europeu contribui para colaborações entre organizações e para a divulgação das atividades realizadas, tendo como foco os educadores. Como em outros casos, um dos maiores desafios enfrentados pelo Elo Europeu é a natureza voluntária do trabalho, que não conta ainda com apoio financeiro ou institucional.

Nos Capítulos 6-13 deste volume os leitores vão encontrar vários traços em comum entre as iniciativas descritas. É importante notar que, apesar dos desafios semelhantes, muitas vitórias têm sido conquistadas, o que é certamente inspirador. A visita às páginas web incluídas nas notas de pé de página ajuda a proporcionar a dimensão das conquistas das organizações envolvidas com a manutenção e o desenvolvimento do Português como Língua de Herança. Saber mais sobre organizações desse tipo mostra o que se pode alcançar, especialmente quando se unem forças.

**Profª Dra. Gláucia V. Silva**
University of Massachusetts Dartmouth

## Referências

CLÉMENT, F; GIRARDIN. *Enseigner aux élèves issus de l'immigration.* Paris: Nathan pédagogie. 1997.

FLORES, C. M. M. Understanding heritage language acquisition. Some contributions from the research on heritage speakers of European Portuguese. *Lingua*, Amsterdam, v. 164, p. 251-265, 2015.

LICO, A. L. Ensino do português como língua de herança: prática e fundamentos. *Revista Siple*, Brasília, v. 2, n. 1, maio 2011. Disponível em < http://www.siple.org.br/>. Acesso em: 13 ago. 2017.

ROCHA, C. O. O papel dos pais na transmissão de Língua de Herança: planejamento e prática. In: JENNINGS-WINTERLE, F.; LIMA-HERNANDES, M. C. (Org.). *Português como língua de herança: a filosofia do começo, meio e fim*. New York, Brasil em Mente, 2015, p. 84-100.

# CAPÍTULO 6

## O ensino de POLH na ABEC: Desenvolvendo um currículo

Miriam Müller Vizentini

## 1. INTRODUÇÃO

Nota-se na Suíça que o movimento das populações se intensificou no final do século XX com a chamada "globalização" no plano profissional, com o afluxo de refugiados aos centros urbanos considerados política e economicamente estáveis, ou às formações de famílias binacionais. Outra consequência desse movimento populacional foi o desenvolvimento de um novo conceito de língua chamado de língua de origem (LO) ou língua de herança (LH). Schader (2015) apresenta esse conceito como referindo-se "à língua do país de origem da criança ou dos seus pais ou avós, e corresponde à língua majoritária ou parcialmente falada na família, especialmente com os pais" (p.10). Como tal, observa-se que a aquisição e manutenção da língua-cultura de origem dessas populações tornou-se, então, uma frequente preocupação entre as famílias que vivem fora de seu país natal, seja para facilitar a adaptação quando de um possível retorno, seja para manter viva a língua-cultura e a comunicação com familiares, ou simplesmente aproveitar a chance de circular por diferentes mundos e linguagens como fator diferencial na formação educacional dos indivíduos.

O presente artigo pretende expor o contexto em que se dá o ensino de Português como Língua de Herança (POLH) na Suíça alemã. Breve histórico da formação desse ensino é apresentado, seguido de discussão sobre a construção de um currículo através da prática. Por meio dessa retrospectiva, esperamos contribuir para uma reflexão, voltada às novas organizações que vêm surgindo mundo afora e ao futuro dos cursos de POLH.

## 2. HISTÓRICO

A Suíça, país que possui quatro idiomas oficiais e muitas variantes dialetais (Instituto Federal de Estatística

Alemão[35]), apresenta política linguística comprometida com esse contexto plurilíngue. Assim, o ensino de Língua e Cultura Materna surgiu na Suíça na década de 30, por iniciativa dos refugiados italianos, segundo o documento RLP - *Rahmenlehrplan für Heimatliche Sprache und Kultur*[36], da secretaria de educação de Zurique. Os cursos de Português como Língua de Origem (LCO) foram introduzidos na Suíça germanófona nos anos 60, quando o governo português passou a enviar professores e a gerenciar os cursos destinados às crianças das famílias de imigrantes portugueses.

A variante brasileira desses cursos teve início muito mais tarde. O aumento do número de brasileiros em solo suíço se deu a partir dos anos 80[37]. Assim, o interesse pela manutenção do idioma e das manifestações culturais ganha novas dimensões, com a organização da comunidade em associações sem fins lucrativos, que criam espaço para a difusão e preservação de sua língua e cultura. Em 1996 surge o CEBRAC (Centro Brasileiro de Ação Cultural), que assume o curso LCO do Brasil nos cantões Zurique e Argóvia. A ABEC (Associação Brasileira de Educação e Cultura) surge

---

[35] www.destatis.de/DE/Publikationen/StatistischesJahrbuch/StatistischesJahrbuch2014.pdf?__blob=publicationFile
[36] www.vsa.zh.ch/dam/bildungsdirektion/vsa/schule_und_umfeld/eltern/uebersetzungen/rahmenlehrplan_hsk/hsk_rahmenlehrplan_2013.pdf.spooler.download.1456321144285.pdf/hsk_rahmenlehrplan_2013.pdf
[37] www.swissinfo.ch/por/o-perfil-s%C3%B3cio-demogr%C3%A1fico-dos-brasileiros-na-su%C3%AD%C3%A7a/853888/

em 2002, desmembrando-se do CEBRAC e assumindo os cursos, já espalhados em novos cantões da Suíça germanófona.

## 3. DADOS CONTEXTUAIS – PASSADO E PRESENTE

Segundo Clémente & Girardin (1997), a escola é "o local de contato que permite aos jovens inserir-se no tecido social" (p74). Essa inserção à sociedade através da escola é ainda mais importante para as crianças de famílias oriundas da imigração. Clémente & Girardin (1997) ressaltam a relevância da relação das famílias imigrantes com o sistema educacional através do conceito de "equipe educativa", um tripé que envolve a família, o aluno e seus professores (ver Gráfico 1 abaixo).

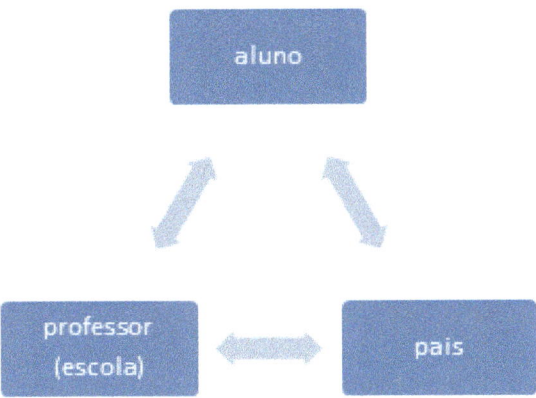

Gráfico 1 - Modelo de tripé educativo (Desenvolvido pela autora com base na leitura do texto de Clémente & Girardin, 1997)

As famílias provenientes de imigração, por viverem num mundo múltiplo e complexo, não são uniformes e têm um papel cada vez mais importante nessa equipe educativa. Por sua vez, os alunos desse mundo múltiplo não podem ser classificados e reduzidos a uma etiqueta, ou categoria classificatória (*imigrante*), por terem um aprendizado anterior à entrada na escola, cada um com suas características próprias. Já os professores, que tinham o costume de estabelecer e decidir a orientação dos alunos, têm agora que dialogar com os pais e serem parceiros em tempo integral, para que o ensino-aprendizagem, através desse trabalho conjunto, seja efetivo.

## 3.1 Brasileiros na Região

É muito difícil encontrar dados exatos sobre o número de brasileiros vivendo em solo helvético. Tampouco há estatística oficial sobre o número de brasileiros na Suíça germanófona e muitos são os fatores que dificultam a obtenção desses dados. Segundo dados do Itamaraty, "estima-se em 40.000 indivíduos o número de integrantes da comunidade brasileira radicada na Suíça, concentrada, em sua maioria, nas aglomerações de Zurique, Genebra, Basileia, Berna, Lausanne e Lugano" [38]. Já a fonte

---

[38] www.portalconsular.itamaraty.gov.br/seu-destino/suica#consulados-

*Swissinfo*[39] informa sermos 81.000 na Suíça, sendo 31.000 no cantão de Genebra e 50.000 no cantão de Zurique.

Muitos brasileiros casados recebem a cidadania suíça ou europeia através do cônjuge. Assim, o Brasil consta como um dos 10 países com maior número de entrada por reagrupamento familiar, segundo dados da Secretaria do Estado sobre migração (SEM[40]). Em cantões onde existem indústrias suíças com filiais no Brasil, como por exemplo a Nestlé, nota-se a presença de muitos engenheiros brasileiros que vêm para a Suíça com suas famílias como expatriados. As crianças em idade escolar dessas famílias geralmente constam como suíças, ou outra nacionalidade, dificultando inclusive seu alcance para divulgação dos cursos de POLH.

## 3.2 Famílias Ligadas ao Projeto

Não existem dados oficiais sobre a formação escolar e econômica dos brasileiros residentes na Suíça. Porém, observamos a existência de muitas famílias binacionais. Também notamos que os pais dos alunos da ABEC apresentam grande heterogeneidade quanto ao nível sócio

---

honor%C3%A1rios-do-brasil
[39] www.swissinfo.ch/por/o-perfil-s%C3%B3cio-demogr%C3%A1fico-dos-brasileiros-na-su%C3%AD%C3%A7a/853888/
[40] www.sem.admin.ch/dam/data/sem/publiservice/statistik/auslaenderstatistik/monitor/2016/statistik-zuwanderung-2016-12-jahr-f.pdf

econômico e formação escolar.

Além disso, a perspectiva de alguns pais é que o ensino de POLH supra a ausência do emprego do idioma em casa desde o berço. Muitos acham que a participação em festas seria o suficiente para fomentar o conhecimento da cultura. Também acham que cuidar da leitura e escrita deveria ser papel dos professores na escola.

## 3.3 Perfil dos Professores

Os professores nem sempre são formados em Letras ou Pedagogia, já que são recrutados dentro da comunidade imigrante. Todos possuem, contudo, um diploma de ensino superior - temos licenciados em geografia, biologia, psicologia, educação artística, assim como, bacharéis em fonoaudiologia e direito. A todos é requisitada proficiência em português e esperado que esta seja sua língua materna. Na ABEC, os professores encontram-se em formação contínua através de apoio logístico da coordenação dos cursos e didático da coordenação pedagógica. Também participam de dias de formação e cursos para professores oferecidos pelo governo local a professores dos países com cursos reconhecidos, assim como os cursos oferecidos pela faculdade de pedagogia de Zurique PHZH. Outras iniciativas, como QUIMS (Qualidade na Escola

Multicultural) e VPOD (Associação de Pessoal dos Serviços Públicos), também organizam dias de formação para professores das escolas regulares. Os professores da ABEC também têm sido incentivados a participar de cursos e oficinas organizados, por exemplo, pelo SEPOLH[41], o Elo Europeu[42], e a própria ABEC[43], algumas vezes com apoio financeiro do MRE.

Os professores procuram assumir o papel de incrementar o desempenho dos alunos, contribuindo para a passagem dos conhecimento básicos da língua que permitam alguma comunicação para os conhecimentos que permitam a aprendizagem acadêmica, como esperado pela comunidade escolar local. Para atingir esses objetivos, o professor espera contar com os pais numa tarefa complementar em casa, dando continuidade ao trabalho desenvolvido em classe.

### 3.4 Os alunos

No ano letivo de 2015-16, contamos com 230 alunos distribuídos em 30 classes de Educação Infantil e Fundamental. As turmas em geral são heterogêneas quanto

---

[41] www.sepolh.eu
[42] www.eloeuropeu.org
[43] www.abec.ch

à faixa etária e quanto à proficiência linguística dos alunos.

Os alunos esperam um trabalho mais lúdico em sala de aula. Porém, o fato da Suíça registrar a nota de aproveitamento do aluno do curso POLH em seu boletim oficial contribui para que levem mais a sério o trabalho desenvolvido. O fato da duração do curso ser curta, apenas 2 horas semanais, parece não ser levado em consideração. Nota-se a existência da expectativa de uma aprendizagem-relâmpago, tanto pelos pais como pelos alunos.

Considerando o tripé família-alunos-professores, assim como as expectativas e necessidades de cada um deles com relação ao curso de POLH oferecido pela ABEC, embarcamos em uma de nossas maiores conquistas, um currículo.

## 4. CONQUISTAS

Inicialmente, as aulas da ABEC eram pautadas por datas comemorativas e festejos brasileiros. Também era comum os professores usarem canções, danças, jogos, leituras de histórias, conversas e textos relacionados às datas, mas sem muita ligação entre uma aula e outra. Com o passar do tempo, o trabalho foi se estruturando, tornando-se mais formal, de modo a garantir o desenvolvimento esperado na apropriação da leitura e escrita. Metodologia e abordagens de ensino foram questões necessariamente trazidas com a passagem de um ensino informal para o formal.

Para elaborar o atual currículo da ABEC os seguintes três aspectos foram considerados: (1) o contexto em que os cursos acontecem; (2) suas características, tais como situação de bilinguismo e contexto pluricultural; e (3) as necessidades do público-alvo. Assim, os professores foram consultados e observados com o objetivo de identificar as dificuldades de aprendizagem da língua portuguesa específicas dos falantes de alemão. A partir desse conhecimento, os objetivos gerais e específicos e o conteúdo do currículo foram definidos. A adequação de materiais, conteúdos e estratégias de ensino-aprendizagem às turmas que trazem em si grande heterogeneidade, seja por faixa etária ou conhecimentos prévios da língua e cultura, também foi considerada.

Buscou-se conhecer os PCNs (os Parâmetros Curriculares Nacionais adotados no Brasil) para português e língua estrangeira. Desse modo, foram traçadas as expectativas de ensino-aprendizagem da língua portuguesa por faixa etária. Também foram obtidas informações básicas sobre o currículo da escola regular dos cantões de língua alemã e alguns dos métodos de alfabetização desenvolvidos nas regiões em que atua foram acessados. O objetivo era trabalhar *pari passu* com o ensino da escola pública suíça.

Com o ingresso na Comissão Intercultural Pedagógica ZH (1999), as discussões e análises se ampliaram. Atualmente, faz referência às situações vivenciadas no curso brasileiro e nos demais grupos linguísticos. A partir de 2002, essa comissão criou o quadro de referência curricular para os cursos de língua e cultura (RLP-ZH)[44] em trabalho conjunto com a escola superior de pedagogia de Zurique. Esse quadro foi revisado em 2011 e aprovado por diversos cantões. O intuito deste quadro é alinhar os objetivos dos cursos LCO às necessidades atuais das crianças bilíngues. Por isso, os objetivos são ajustados ao currículo da escola pública de Zurique. Dessa maneira, o quadro de referência curricular permite que os gestores dos cursos LCO o usem como ferramenta para desenvolverem seus próprios currículos, aproximando-os ao currículo da escola pública.

## 5. DESAFIOS

Ao analisar os desejos dos elementos-agentes e o que sucede na prática, nota-se um desequilíbrio entre eles. A falta de conhecimento de muitos pais quanto à interferência que o aprendizado do português teria sobre o desempenho das crianças na escola regular em alemão gera insegurança e, por muito tempo foi fator de afastamento do uso da língua em

---

[44]http://hsk-unterricht.tg.ch/public/upload/assets/9463/hsk_rahmenlehrplan_deutsch_2011_web.pdf

casa e/ou da não participação no curso. Além disso, muitos pais não têm condições de acompanhar o trabalho desenvolvido em classe, nem conseguem mudar seus hábitos para manter a criança falando e lendo em português no ambiente familiar.

Professores sentem-se despreparados para o trabalho com as classes heterogêneas e sobrecarregados com a preparação de aula em um contexto em que o material didático é escasso. Para preparar uma aula, é necessário criar todo um material em português, quase inacessível no exterior. O uso e a oferta de material através da Internet estava apenas iniciando quando o ensino de POLH começou em meados dos anos 90.

Ademais, a escola regular na Suíça funciona em período integral e os alunos têm livres apenas as tardes das quartas-feiras. Além disso, as crianças possuem várias outras atividades, tais como festas de aniversários, passeios, esporte e outros cursos, que concorrem com as aulas do curso POLH. Consequentemente, o processo ensino-aprendizagem dessa língua-alvo minoritária não surte efeito tão rápido quanto o sonhado.

Outro desafio encontrado é a situação de grande heterogeneidade de muitas das turmas. Como em uma sala de aula regular, os alunos apresentam diferenças como tipos de aprendiz (visual, cinestésico, auditivo), situações de inclusão, níveis de interesse e motivação dos alunos, disciplina, situação social e formação familiar. Além disso, encontram-se em uma mesma classe crianças cuja situação heterogênea varia também quanto à competência linguística que possuem tanto em português quanto em alemão e à variedade de línguas que são expostos em casa.

## 6. CONCLUSÃO

O POLH é uma área em franco desenvolvimento. Comunidades organizadas de brasileiros emigrados procuram manter viva sua herança cultural-linguística. Esse trabalho assume um papel de importância no desenvolvimento linguístico e de identidade positiva das crianças oriundas de famílias imigrantes e no cultivo do plurilinguismo.

Na Suíça, o POLH vem sendo oferecido há mais de vinte anos. A ABEC, entidade não governamental e sem fins lucrativos, é a atual gestora dos cursos em nove cantões de língua alemã, assumindo papel originalmente conferido às representações governamentais. Sua trajetória de um ensino informal para formal pode ser de valia para as novas iniciativas que têm despontado. Sua experiência com o desenvolvimento de um currículo através da prática em sala de aula gera estudos e reflexões. A análise das expectativas e necessidades dos elementos agentes do tripé educativo é uma contribuição no auxílio ao ajuste da programação do ensino.

Muitos trabalhos vêm sendo realizados nos últimos anos por diferentes iniciativas espalhadas mundo afora, brasileiras e estrangeiras, visando o aprimoramento dos cursos de POLH e a troca entre seus profissionais, de extrema importância, está se intensificando. Precisamos, todavia, de um maior apoio governamental para efetivar e reconhecer juridicamente este trabalho.

## Referências

CLÉMENT, F. & GIRARDIN, A. *Enseigner aux élèves issus de l'immigration* [Ensinar alunos provenientes da imigração]. Paris, França: Nathan pédagogie, 1997.

SCHADER, B. *Grundlagen und Hintergründe: Besonderheiten und Herausforderungen des herkunftssprachlichen Unterrichts* [Fundamentos e quadros de referência: particularidades e desafios do ensino de língua de origem]. Zurique, Suíça: Orell Füssli, 2015.

# CAPÍTULO 7

## A hora do conto em Dubai: Preservando heranças linguística e cultural

Magaly Dias de Quadros

## 1. INTRODUÇÃO

O movimento emigratório é crescente no Brasil e se intensificou nas últimas duas décadas. Como participante desse movimento, uma das minhas preocupações era como preservar a cultura brasileira e a língua portuguesa para minha filha. A proposta deste texto é mostrar como a iniciativa em prol da manutenção do Português como Língua de Herança (POLH) nasceu na cidade-estado de Dubai.

## 2. HISTÓRICO

Em dezembro de 2007, meu marido e eu chegamos em Dubai, sem nunca termos morado fora do Brasil, com uma filha de cinco anos de idade. A única coisa que sempre foi muito clara para nós era manter a língua e identidade brasileira da nossa filha. Em 2009 quando, minha filha Ana Luiza, já com sete anos, ouviu a contação da história de um gibi, insistiu para que a mesma fosse lida para os filhos de amigos brasileiros. A reação deles foi de puro encantamento, gostaram tanto que se tornou um hábito. O desejo de promover encontros para mais brasileirinhos começou desde então.

E, assim, de maneira despretensiosa, na minha casa, foram se organizando encontros semanais para crianças brasileiras que tinham como objetivo trazer um pouco das histórias infantis brasileiras para crianças residentes em Dubai. Nos primeiros encontros, convidei apenas famílias de brasileiros conhecidos que tinham filhos da idade da minha filha. Os encontros aconteciam e tornaram-se reais, no sentido de atrair o interesse de alguns pais. Portanto, era necessário dar um nome a esses encontros e o que mais se aproximava do que era feito foi *A Hora do Conto em Dubai*. O formato inicial era apenas contar histórias e cantar as músicas do universo infantil. Aos poucos, foi se expandindo, pois compareciam quase todos os convidados, que por sua vez foram convidando outros e aquela primeira ideia de que seria apenas para crianças em torno de sete anos teve que ser ampliada. As famílias traziam não só filhos com 7 anos, mas também os de outras idades. Assim, conforme o tempo foi passando, as crianças que frequentavam tinham entre um e dez anos.

A experiência como professora de português no Brasil não estava me ajudando. O público alvo era diferente: crianças com diferentes conhecimentos e nível de proficiência e fluência na língua; diferentes experiências e repertório linguístico e muitas vezes com pais de diferentes nacionalidades. Cada vez mais tornava-se necessário pesquisar sobre como trabalhar com esse perfil de crianças. Foi nessa época que comecei a pesquisar e entrar em contato com diferentes grupos, associações e projetos - tanto nos Estados Unidos, como na Europa - que trabalhavam com POLH e já tinham experiência na área. O meu intuito era poder entender melhor como organizar o trabalho com crianças brasileiras fora do Brasil.

Fui muito bem recebida no II Simpósio Europeu de Português como Língua de Herança (II-SEPOLH[45]) em 2015 em Munique, onde pela primeira vez assisti às palestras sobre Língua de Herança. Fiquei extremamente feliz por

---
[45] www.sepolh.eu/arquivo/ii-sepolh

encontrar pessoas, na maioria mulheres, mães de brasileirinhos, que falavam a "mesma língua" que eu e estavam reunidas com os mesmos questionamentos e dúvidas que eu tinha. Não me separei mais delas, mesmo porque me "adotaram" com muito carinho. Logo em seguida, participei também da conferência promovida pela organização Brasil em Mente (BEM[46]) em Nova Iorque em 2015, grupo com que também fiz parceria e que tem me ajudado muito por meio de cursos e conferências.

A partir do encontro em Munique, passei a trocar muitas informações com outras participantes de outras iniciativas e a me inteirar dos estudos e pesquisas sobre Língua de Herança. Comecei a entender que a Língua de Herança, resumidamente, refere-se à língua falada dentro do seio de uma família e que é diferente da língua falada na sociedade em que essa família está inserida; que ela está ligada aos laços culturais, à identidade e ao sentimento de pertencimento de uma comunidade. Assim, compreendi a necessidade de continuar promovendo os encontros com os brasileirinhos em Dubai para que esses laços com a língua-cultura de herança fossem consolidados.

Como diz Carreira (2004), aprendizes de Língua de Herança "têm necessidades identitárias e/ou linguísticas em relação à

---

[46] www.brasilemmente.org

língua alvo, que estão relacionadas com o seu passado familiar" (p.18). Dessa maneira o planejamento dos encontros foi tomando novos rumos, foram acrescentadas brincadeiras do repertório infantil do Brasil; passamos a comemorar as datas importantes do Brasil com trabalhos artesanais ou festas para toda a família como o Carnaval, Descobrimento do Brasil e Festa Junina, dentre outros. Livros de leitura, gibis, brinquedos, vídeos, decorações típicas eram comprados a cada ano no Brasil e trazidos para ajudar no desenvolvimento do projeto.

O projeto mudou de endereço várias vezes, sempre que eu mudava de casa. Em uma das casas, o espaço era excelente, uma sala totalmente independente reformada para atender as necessidades do projeto. Ficamos nesse espaço por dois anos. Mas, o desejo de fazer do projeto algo mais estruturado, que pudesse abranger mais e mais crianças e que tivesse um espaço adequado, foi crescendo a cada dia e comecei a fomentar entre as mães que frequentavam essa possibilidade. Várias reuniões foram feitas e, em uma delas, uma das mães que começara a participar do projeto, se dispôs a ajudar. Não apenas se dispôs como o colocou como prioridade. Sendo administradora, com enorme capacidade de liderança, Zana Azeredo, a mãe que abraçou o projeto, em pouco tempo formou um grupo com outras mães e colaboradoras que se voluntariaram e, a partir de então, todas as formalidades necessárias para se ter um projeto de acordo com a legislação do país foram tomadas. Foi formado o Conselho Diretivo da Hora do Conto em Dubai com as seguintes mães e colaboradoras: Acelina Mar, Alessandra Moulin, Beatriz Dale, Gabriela Moreira Coelho, Irti Portege, Jacqueline Senoi Moraes, Magaly Dias de Quadros, Zana Azeredo.

É válido ressaltar que é necessário abrir uma empresa, como outra qualquer que esteja sujeita a todos os impostos e pagamentos atribuídos à mesma para se fazer um trabalho voluntário nos Emirados Árabes. Zana transcreveu em forma de documento todo o projeto e saiu à procura do órgão do governo que nos desse a permissão. Confesso que tem sido bastante trabalhoso fazer do projeto um trabalho legalizado. Mas valeu muito a pena, pois a partir dessa tomada de posição da Zana, muitas mães aderiram ao projeto e formaram um time que começou a entender o seu objetivo. Todas se empenharam em encontrar um novo espaço e levaram para as escolas dos filhos a proposta, até para o dono da maior rede de escolas de Dubai ela foi enviada.

Em pouco tempo uma das escolas deu sinal positivo e mesmo sendo num bairro longe de onde os encontros aconteciam, passamos a fazer os nossos eventos na escola *Royal Dubai Academy School*. Nem preciso dizer a alegria que tomou conta de todo o grupo. Paralelamente, como membro do

Conselho de Cidadãos de Dubai, pedimos ao Excelentíssimo Embaixador recém-chegado aos Emirados, Dr. Paulo Cesar Meira de Vasconcellos, que nos apoiasse nessa empreitada. O Embaixador respondeu positivamente e, desde então, tem se interessado cada vez mais pelo projeto, mais um motivo de muita alegria.

Os documentos enviados ao governo de Dubai, pedindo autorização para o funcionamento do projeto foram aprovados em três meses e, a partir da aprovação, tínhamos 6 meses para apresentar toda a documentação exigida para abertura de uma empresa. Por um lado, ficamos felizes, mas por outro, preocupadas. Como abrir uma empresa se o trabalho é voluntário? Passamos a amadurecer as ideias e procurar outros meios para conseguir a autorização.

Muitas mudanças aconteceram e estão acontecendo. Várias delas muito boas e outras, nem tanto. Mas todas elas nos têm ajudado muito no amadurecimento do projeto e na consolidação dos objetivos e metas propostas. Hoje, a Hora do Conto em Dubai, além dos encontros semanais, fez uma parceria com a Embaixada e tem participado na abertura de um novo grupo de crianças em Abu Dhabi, na sede da Embaixada; associou-se ao CRBE (Conselho de Representantes de Brasileiros no Exterior[47]), promove

---

[47] www.brasileirosnomundo.itamaraty.gov.br/associativismo-e-politicas-para-as-comunidades/CRBE

encontros com mães para falar e estudar sobre Bilinguismo e Língua de Herança; ministra aulas de Língua Portuguesa para as crianças brasileiras e participa de grupos que trabalham com Língua de Herança nos Emirados Árabes.

Ainda não temos a licença do governo para atuar como trabalho voluntário, mas temos algumas possibilidades em vista. Uma delas vem da busca incessante da Embaixada do Brasil em Abu Dhabi, através dos diplomatas Embaixador Paulo César Meira de Vasconcellos e da Secretária Daniella Conceição Mattos de Araújo, junto ao governo do Brasil e ao governo local de uma maneira de conseguirmos essa autorização.

## 3. DADOS CONTEXTUAIS – PASSADO E PRESENTE
## 3.1 Brasileiros na Região

Dubai é um país-estado com poucos anos de existência, apenas 43 anos. Faz parte dos Emirados Árabes Unidos. Sete anos atrás, em 2009, havia muitos Brasileiros na região, cerca de mil e quinhentos, registrados na Embaixada do Brasil, dos quais 80% em Dubai. Hoje, 2016, o número aumentou bastante, entre nove e dez 10 mil pessoas em todos Emirados, o que significa entre sete e oito mil em Dubai.

## 3.2 Famílias Ligadas ao Projeto

Nos últimos sete anos, mais de cem crianças tiveram a oportunidade de participar do programa, que hoje conta com vinte famílias e mais de quarenta crianças registradas, com idade entre dois e quinze anos.

## 3.3 Perfil dos Professores

O projeto conta com o trabalho voluntário de pais e educadores, com formação em áreas como pedagogia, letras, magistério e psicologia, que desenvolvem um planejamento anual de trabalho adequado a grupos etários. Todo o conteúdo linguístico e pedagógico é coordenado por mim, Magaly Dias de Quadros, educadora formada em Letras, profissional de ensino e idealizadora do projeto. Também participam ativamente, a pedagoga Vanessa Silva, a psicóloga Raquel Motta e Jacqueline Senoi Moraes, mãe que, mesmo não sendo da área educacional, mas com grande capacidade diplomática e visão estratégica, tem sido fundamental para a consolidação do projeto.

## 4. CONQUISTAS

Desde a sua criação, *A Hora do Conto em Dubai* vem

apresentando resultados significativamente positivos e conta com a participação ativa das famílias que, além de incentivar suas crianças, também trazem sugestões de temas, materiais didáticos, além de promover a troca de experiências pessoais relevantes. Como fruto dessa interação, o projeto acaba também gerando efeitos positivos na integração das famílias em Dubai e com a comunidade brasileira local, facilitando o processo de adaptação. Ao sair do "quintal da minha casa", o projeto se torna um programa mais elaborado e fundamentado. Hoje, todo o currículo é elaborado levando em conta os estudos que o corpo diretivo tem feito sobre Língua de Herança, Bilinguismo e as necessidades linguísticas dos brasileirinhos.

As conquistas são muitas: espaço adequado; a participação mais ativa da Embaixada do Brasil e dos membros do Conselho de Cidadãos dos EAU, que têm sido fundamentais para o amadurecimento do projeto; e recentemente, fomos procurados por uma instituição que trabalha com Língua de Herança na região propondo parceria e estamos estudando a possibilidade.

## 5. DESAFIOS

Os desafios também são muitos. Temos desafios burocráticos e desafios em conseguir incentivo e apoio por parte do governo brasileiro no que se refere a livros e materiais didáticos para serem utilizados no projeto. Além disso, o número de cursos de formação na área de Língua de Herança é limitado. Entretanto, o maior desafio ainda é o compromisso das famílias com o projeto. Ainda há muita falta de entendimento a respeito da importância da manutenção da língua materna em Dubai.

## 6. CONCLUSÃO

Concluir é difícil, ainda mais quando estamos em processo de formação. O que posso dizer é que, mesmo nos momentos mais desafiantes, desestimuladores e frustrantes, o desejo de manter o projeto sempre foi mais forte. O brilho nos olhos das crianças quando participam dos eventos, o cantarolar de uma cantiga na língua materna, a atenção ao ouvir histórias, a participação ativa nos encontros são os motivos que fazem tudo valer a pena.

## Referências

CARREIRA, M. (2004). Seeking explanatory adequacy: A dual approach to understanding the term 'heritage language learner'. *Heritage Language Journal*, 2: 1–25.

# CAPÍTULO 8

## Casa do Brasil em Florença: À procura de um espaço linguístico

Ana Luiza de Souza
Universidade de Pisa

## 1. INTRODUÇÃO

Na Itália existe muita dificuldade para se abrir uma associação, principalmente quando não existem fundos ou meios específicos para tal, seja do ponto de vista burocrático, no qual o percurso da legalização encontra vários obstáculos, seja pela dificuldade em encontrar um espaço a baixo custo ou custo zero. Constituir uma associação equivale a abrir uma *Partita IVA*, ou seja, obter o CNPJ italiano. Com isso vem necessariamente a responsabilidade em abrir uma conta corrente com obrigações financeiras, tais como controle de caixa e balanço financeiro anual, assim como atas de reuniões trimestrais a serem entregues aos órgãos públicos. Enfim, quase uma empresa que ocupa muito tempo e burocracia, porém sem lucro. Parecem detalhes, mas se analisarmos bem, para uma associação criada por uma mãe ou um grupo de mães é difícil arcar com toda essa responsabilidade se não existir um grupo forte de pais comprometidos com uma causa.

Embora o Conselho Europeu[48] tenha especificado normativas relacionadas à implementação de programas didáticos que visem o ensino das línguas de herança, em italiano denominadas *línguas de origem*, o apoio das instituições públicas de ensino na Itália ainda é escasso. O panorama italiano com relação às iniciativas educacionais de comunidades estrangeiras que trabalham com as línguas de herança está se desenvolvendo muito lentamente na península. No país, a sensibilidade em reconhecer as vantagens do bilinguismo não é prioridade dos governos e das secretarias de educação. Ao meu ver, o papel da política italiana diante das línguas minoritárias e línguas de origem das comunidades estrangeiras deveria consistir em dar

---

[48] Guida per lo sviluppo e l'attuazione di curricoli per una educazione plurilingue e interculturale, pag.117. Disponível em italiano:
<http://www.cestim.it/argomenti/06scuola/2010-council-of-europe-unimi-curricolo.pdf, e disponível em outras línguas:
<http://www.coe.int/t/dg4/linguistic/ListDocs_Geneva2010.asp#P58_2278> Acesso em 30 de Mai. 2016.

informações aos pais sobre os direitos linguísticos dos filhos, sobre a importância do bilinguismo em uma sociedade multiétnica, além de colocar à disposição das famílias instrumentos e programas de ensino que possam manter suas línguas. Porém, isso não acontece.

Segundo a estudiosa italiana Antonella Sorace (2010) "crescer bilíngue é ainda considerado fora das normas da sociedade italiana". Existem alguns preconceitos e muita desinformação para que se possa manter uma língua de herança na Itália. Para Sorace, diferentes opiniões de professores, ou ainda de políticos, geralmente servem de base para decisões que acabam por negar às famílias de imigrantes oportunidades de verem seus filhos crescerem num ambiente bilíngue.

É possível observar, porém, que algumas regiões já criaram leis nas quais se veem inseridos parágrafos com relação às políticas educacionais e linguísticas de integração dos imigrantes, de primeira e segunda geração. Cito, por exemplo, a Lei da Região das Marcas *Legge Regionale 26 maggio 2009, n. 13* [49], cujo um dos pontos importantes é a tutela da identidade do imigrante, a fim de valorizar o

---

[49] *Disposizioni a sostegno dei diritti e dell'integrazione dei cittadini stranieri immigrati* (Disposições para sustentar os direitos e a integração dos cidadãos estrangeiros imigrados) Art. 10 (Integrazione, tutela culturale e interculturalità) Disponível em italiano: <http://www.consiglio.marche.it/banche_dati_e_documentazione/leggirm/leggi/visualizza/vig/1613> Acesso em 30 de Mai. 2016.

patrimônio da língua e cultura do país de origem. Esse é um importante passo realizado pelos governos locais. A Toscana e Florença, por sua vez, também têm demonstrado interesse nesse sentido. Posso citar a normativa da Toscana, *Legge Regionale 08 giugno 2009, n. 29*"[50] com medidas que pretendem fortalecer a integração do imigrante, no que se refere a saúde e educação. Nesses dois exemplos de leis regionais na Itália vemos explícito, em alguns parágrafos, o reconhecimento da necessidade de atuação de um ensino escolar integrado ao ensino das línguas e culturas de origem do imigrado. Leis e teorias existem, porém, não existe ação governamental alguma. Em geral, são as associações de imigrantes que se mobilizam a custos próprios.

Ao longo dos últimos quinze anos, vê-se, portanto, o crescente número de associações de imigrantes na Itália cujo principal objetivo, além da ajuda à integração social, é difundir e expressar as suas tradições, língua e cultura à segunda geração de filhos nascidos na Itália. Posso citar, por exemplo, o caso da cidade de Bolonha, onde existe o *Centro Interculturale Zonarelli*[51]. Desde 2007, essa associação

---

[50] *Norme per l'accoglienza, l'integrazione partecipe e la tutela dei cittadini stranieri nella Regione Toscana*, Art.5, parágrafo 27 "Normas para a recepção, a integração participada e a tutela dos cidadãos estrangeiros na região Toscana", Disponível em italiano:
<http://servizi2.regione.toscana.it/osservatoriosociale/img/getfile_img1.php?id=19174> Acesso em 30 de Mai. 2016.
[51] Disponível em italiano: <https://centrozonarelli.wordpress.com/linguemadri/> Acesso em 30 de Mai. 2016.

italiana em colaboração com associações estrangeiras promove entre outras atividades, cursos de línguas em prol do multilinguismo e multiculturalismo a fim de valorizar a diversidade em âmbito social e escolar. Além disso, o *Centro Zonarelli,* juntamente com essas comunidades, promove eventos na cidade que desejam mostrar a riqueza cultural dos vários povos e valorizar a língua e a cultura de origem. Notem que o espaço para as atividades na cidade de Bolonha foi encontrado através da união dessas pequenas associações de imigrantes com uma grande associação italiana, reconhecida institucionalmente, que acolheu a ideia, organizou-a, e tornou-se porta-voz junto às instituições públicas, administrando a divisão dos espaços dentro das escolas e dentro de outras instituições.

Assim como em Bolonha, existem em outras cidades italianas muitas associações estrangeiras ativas no trabalho de manter e difundir suas línguas de herança. As cidades de Nápoles, Milão, Turim e Florença também possuem iniciativas interessantes. Em tais cidades, as associações são constituídas por pais envolvidos com a questão da língua e cultura de origem. Se considerarmos, porém, as comunidades brasileiras com projetos que buscam a manutenção do POLH, percebe-se que iniciativas estão surgindo pouco a pouco em algumas regiões italianas desde

2014. Essas iniciativas são, em sua maioria, criadas por mulheres, mães brasileiras.

## 2. HISTÓRICO

Com a maternidade, eu vi crescer em mim o desejo e a necessidade de falar português como nunca antes. Eu já morava há sete anos na Itália, era bem integrada na sociedade, trabalhava como consultora em empresas e professora de língua portuguesa. A língua italiana era muito fluente na minha vida. Porém, ao me tornar mãe, tudo mudou. Comecei, então, a procurar informações nas redes sociais e aos poucos encontrei grupos de mães através dos diferentes fóruns sobre educação bilíngue. Na rede social do Facebook, encontrei o grupo brasileiro *Bilinguismo Piccolo Tagarella*[52]. Esta página tinha se transformado em um catalizador e proporcionador de trocas de informações e experiências sobre o bilinguismo entre as mães brasileiras na Itália. Naquela época, eu seguia todas as postagens daquele grupo. Percebi, então, que o tema era mais importante do que eu pensava. Continuei minhas pesquisas e encontrei algumas associações brasileiras através do site do

---

[52] O grupo no Facebook Bilinguismo BR/IT - Piccol@ Tagarela discute argumento bilinguismo e língua e cultura brasileiras com as muitas mães brasileiras que vivem principalmente na Itália. Disponível em: <https://www.facebook.com/groups/piccolatagarela/> Acesso em 25 de Mai. 2016.

Itamaraty[53]: a ABEC[54], a ABRIR[55], e a Brasil em Mente[56]. Foi com a leitura de alguns artigos no site da Brasil em Mente[57] que tive a idéia de comemorar o dia do Português como Língua de Herança em 16 de maio de 2014. Aprendi que existiam muitos grupos ao redor do mundo e que eu não estava sozinha. A ideia da manutenção da cultura brasileira e de sua identidade linguística no exterior não era somente uma ideia vaga, poderia se tornar realidade.

Assim, a Casa do Brasil em Florença iniciou suas atividades em 16 de maio de 2014 quando ainda não possuía um nome. Naquele dia, a intenção era somente comemorar o Dia Mundial do Português como Língua de Herança. Juntamente com os pais brasileiros que queriam participar e com os pais italianos que eu conhecia, eu desejava mostrar ao meu filho, com apenas três anos na época, que outras crianças podiam escutar uma historinha na língua da mãe dele em público, assim como ele escutava todos os dias em casa. Organizei, então, uma leitura com crianças brasileiras e italianas da cidade de Florença. No total, compareceram

---

[53] Disponível em: <http://www.brasileirosnomundo.itamaraty.gov.br/a-comunidade/associacoes-brasileiras-exterior> Acesso em 30 de Mai. 2016.
[54] Disponível em: <http://www.abec.ch> Acesso em 27 de Mai. 2016.
[55] Disponível em: <http://www.abrir.org.uk> Acesso em 27 de Mai. 2016.
[56] Disponível em: <www.brasilemmente.org> Acesso em 27 de Mai. 2016.
[57] Disponível em: <http://www.brasilemmente.org/dia-do-portuguecircs-como-liacutengua-de-heranccedila.html> Acesso em 27 de Mai. 2016.

quatro famílias brasileiras e quinze famílias italianas para o nosso evento. Um ótimo começo!

Depois da primeira leitura infantil, tive a necessidade de criar um grupo de mães brasileiras residentes em Florença e na Toscana. Tornou-se preciso encontrar um espaço para abrigar os encontros. A *Associazione Piazza San Donato*[58], uma associação italiana da qual sou sócia-fundadora, nos permitiu utilizar seu espaço. Essa permissão se deu devido ao estatuto dessa associação italiana declarar a possibilidade de receber iniciativas que visam à união e integração de imigrantes do bairro onde está localizada. Foi assim que conseguimos rapidamente um espaço para realizar os nossos encontros em língua portuguesa.

Com muita troca de informações, com muito incentivo também de Andrea Menescal Heath (Mala de Leitura de Munique[59]) para avançar nessa ideia inicial, escolhi um nome para a iniciativa: *Casa do Brasil em Florença*. A página do Facebook[60] foi criada e o site online foi aberto[61]. Em 2014, depois do longo verão italiano, ocorreram reuniões a cada mês em vista de formar um futuro Conselho de Cidadãos. Não era constante a participação das pessoas nestes

---

[58] Disponível em italiano: <www.piazzasandonato.it> Acesso em 25 de Mai. 2016.
[59] Disponível em: <https://pt-br.facebook.com/maladeleiturademunique> Acesso em 25 de Mai. 2016.
[60] Disponível em: <www.facebook.com/casadobrasilemflorenca> Acesso em 27 de Mai. 2016.
[61] Disponível em: <www.casabrasilflorenca.com> Acesso em 27 de Mai. 2016.

primeiros encontros. Muitos vinham no primeiro e não compareciam aos outros. Enfim, foi um início difícil até encontrar o grupo de mães que apoiassem a ideia. Por isso mesmo, não posso afirmar que o ano de 2014 foi intenso. Somente em 2015 os objetivos iniciais aos poucos foram se transformando em algo muito maior.

Sem perceber, a Casa do Brasil foi se tornando parte de mim e parte de um projeto - talvez, um projeto de vida. Em novembro de 2014, eu tinha feito contatos com a Embaixada do Brasil em Roma pedindo livros paradidáticos em previsão da abertura de uma mini-biblioteca em língua portuguesa. Foi uma grande motivação para as famílias brasileiras residentes na Toscana saber que receberíamos livros infantis em português. Isso animava ainda mais o início do grupo e as famílias que seguiam nossas informações online demonstravam interesse em participar futuramente dos encontros. Em janeiro e fevereiro de 2015, realizamos atividades laboratoriais para o carnaval com a participação de quatro famílias. Finalmente, no mês de março aconteceu o primeiro encontro das mães de Florença com o Mala de Leitura de Munique. Nesse encontro, inauguramos a mini-biblioteca com livros infantis em língua portuguesa. Sem dúvida, esse foi o pontapé inicial para as atividades da Casa do Brasil em Florença.

Em março de 2015, abrimos a nossa biblioteca infantil em

língua materna com apenas 50 livros, dos quais a metade eram infantis. Hoje em dia, o nosso acervo é de 150 livros, pois aos poucos recebemos doações da Embaixada e também dos familiares do Brasil. Hoje, temos 100 livros infantis e 50 livros para adultos e, desde março de 2015, as famílias continuam comparecendo aos encontros mensais regularmente.

## 3. DADOS CONTEXTUAIS – PASSADO E PRESENTE
### 3.1 Brasileiros na Região

Com um pouco mais de 3350 brasileiros residentes (Istat 2015)[62], sem poder contar aqueles brasileiros que possuem a cidadania italiana ou outra cidadania europeia, a Toscana destaca-se como sendo a 6ª região italiana com a maior comunidade brasileira. Em Florença, o número de residentes de cidadania brasileira é de 1.340, fora o grande número da população brasileira residente que possui a cidadania europeia.

### 3.2 Famílias ligadas ao Projeto

---

[62] Disponível em italiano: <http://dati.istat.it/#> e <http://www.tuttitalia.it/toscana/statistiche/cittadini-stranieri/brasile/> Acesso em 27 de set. 2016.

Frequentam a Casa do Brasil em seus encontros mensais e, de maneira alternada, cerca de 25 famílias. Esse número aumenta em dias de festas de carnaval e festa junina, chegando a 300 pessoas. As famílias possuem perfis variados: filhos de mães e pais brasileiros, filhos de pais italianos e mães brasileiras e crianças brasileiras adotadas por pais italianos. Nesse último perfil, vejo o constante crescimento do número de famílias adotivas que visitam nossos encontros com o objetivo de resgatar as origens dos filhos adotados. Existe a preocupação de educar seus fihos adotivos para um futuro em que possam ter um olhar estruturado e conscientizado do próprio passado. Além disso, esses pais reconhecem o valor do bilínguismo presente em seus filhos.

## 3.3 Perfil dos Professores

O projeto da Casa do Brasil em Florença foi idealizado por mim, Ana Luiza de Souza, e nesses dois anos tenho coordenado os encontros de leituras, seminários e eventos extras. Sou Bacharel e Licenciada em Letras – Português/Italiano e tenho Mestrado em Disciplinas Teatrais pela Universidade de Bolonha. Fui professora no Ensino Fundamental e professora de Língua Portuguesa e Literatura Brasileira no Rio de Janeiro por sete anos. Moro na Itália desde 2006, onde ministrei aulas de Português como Língua Estrangeira em empresas em Florença por quatro anos. Atualmente sou Leitora de Língua Portuguesa na Faculdade de Línguas e Literatura Estrangeiras, na Universidade de Pisa.

Ressalto que não trabalho sozinha. Graças ao apoio de mães talentosas e conscientes da riqueza que querem deixar aos seus filhos, a Casa do Brasil está dando grandes passos. Neste segundo ano de atividades, começa a ficar claro que precisamos de mais pessoas qualificadas. É difícil envolver profissionais quando os mesmos precisam de uma remuneração e o trabalho voluntário nem sempre é gratificante para todos. Estou fazendo contatos com outros professores de português, pedagogas e psicólogas brasileiras que moram na cidade para envolvê-las em atividades futuras da Casa do Brasil. Tenho esperança de que em breve poderemos formar esse grupo e assim oferecermos aulas de POLH.

## 4. CONQUISTAS

Em dois anos tivemos várias conquistas, uma delas foi a utilização da sede da Associação Piazza San Donato. Uma vez que nossos encontros eram gratuitos, não podíamos pagar nenhum tipo de mensalidade à associação. Pedimos, então, que para quem viesse pela primeira vez, pagasse €5 pela carteirinha anual da associação. Além disso, os eventos extras que realizamos deram muitos frutos de reconhecimento. As comemorações do carnaval e a festa junina em 2015 e 2016 obtiveram patrocínio financeiro do Município de Florença com a locação da praça pública, além do apoio financeiro de uma ONG muito importante na cidade, a Agata Smeralda[63]. Além disso, nesses dois eventos obtivemos espaço na mídia em jornais online da cidade[64]. O "Carnaval da Paz 2016" também teve espaço para uma entrevista em uma TV regional e em jornais[65].

Esses dois eventos foram realizados em praças públicas com a permissão das autoridades locais. Nesses eventos foi essencial a união de outras associações brasileiras, grupos de capoeira, bandas, músicos e percussionistas profissionais, que se apresentaram gratuitamente, por amizade ao nosso grupo, ou por um cachê mínimo.

Além desses eventos, estamos participando e sendo convidados para outros eventos multiétnicos em outras

---

[63] Disponível em italiano: <http://www.agatasmeralda.org/> Acesso em 27 de Mai. 2016. Esta instituição recolhe fundos e promove a adoção à distância de crianças em vários países com escasso desenvolvimento humano, está presente também em Salvador de Bahia.
[64] Links de comunicação de nossos eventos na Imprensa de Florença. Disponível em italiano: <http://www.firenzefree.it/freetime/festa-brasiliana-a-novoli/> e <https://wfirenze.wordpress.com/2015/06/25/festa-junina-la-cultura-brasiliana-a-firenze/> Acesso em 27 de Mai. 2016.
[65] Disponível em italiano: <https://youtu.be/0ZM5E9PJvB0> Acesso em 27 de Mai. 2016.

cidades da Toscana. Particularmente, acho que esta seja uma forma de resgatar a autoestima dos brasileiros em Florença. Os espaços estão sendo organizados encontrados e, aos poucos, a própria comunidade quer mostrar sua identidade e os elementos culturais de todo o Brasil aos italianos. Na festa junina de 2015, por exemplo, apresentamos o *Bumba-Meu-Boi* maranhense para a cidade de Florença. Os brasileiros sentiram orgulho e foram prestigiar a festa. Estavam presentes no evento mais de 300 pessoas. Outros eventos menores, mas igualmente importantes, são o Dia da Criança e o Natal. Nesses eventos, realizamos leitura dramatizada e canções.

Além disso, realizamos duas oficinas de Educação Bilíngue durante o ano de 2015. Para essas oficinas, contamos com a colaboração de Andrea Menescal Heath (Mala de Leitura de Munique). Esses encontros animaram os pais a frequentarem os encontros de leituras e brincadeiras com mais assiduidade, dando mais valor à iniciativa. As famílias participaram de encontros mensais com leituras infantis e brincadeiras e fizeram empréstimos de livros na mini-biblioteca. A linha de ação foi agregar as famílias, ser ponto de encontro, formar laços de amizades e nos reconhecermos como brasileiros, ganhando a nossa autoestima como imigrantes. Uma vez por mês, por três horas a cada encontro, falamos português com nossos filhos, que já reconhecem a

Casa do Brasil como um ponto de referência e aguardam ansiosos a leitura infantil a cada mês. Os nossos filhos se tornaram amigos, encontram-se durante a semana, conversam em português. Estamos nos tornando uma grande família.

## 5. DESAFIOS

Da conquista pelo espaço público em eventos relacionados ao Brasil, para a conquista pelo espaço público escolar, a Casa do Brasil em Florença continua em busca de um espaço linguístico para o POLH. Esse é o nosso próximo passo. Para isso, no próximo ano, o nosso desafio é legalizar a Casa do Brasil em Florença como associação. Embora sejamos suficientemente autônomos em nossa organização, tanto nos eventos como nas atividades mensais com os encontros em língua portuguesa, não somos autônomos do ponto de vista burocrático e fiscal. Ao nos dirigirmos aos órgãos públicos para a permissão dos locais, temos o nome e o apoio da associação italiana *Piazza San Donato*. O nosso reconhecimento institucional está se tornando evidente, porém falta este grande passo: tornarmo-nos uma instituição legalmente declarada.

Assumir a responsabilidade de uma associação de voluntariado requer esforços e tempo de gestão de uma empresa, e isso não é fácil. Formar uma equipe que entenda que uma associação que se inicia não dá lucros mas somente satisfação pessoal, não é fácil. O voluntariado, com toda a demanda da burocracia, assusta a muitos. Atrair mais voluntários é um grande desafio para nossa comunidade.

## 6. CONCLUSÃO

Nos últimos dois anos, vê-se o surgimento de algumas iniciativas que trabalham com POLH na Itália. A Casa do Brasil em Florença é apenas uma das cinco iniciativas existentes. Ficou claro, desde que iniciei, que em território italiano as comunidades brasileiras estão carentes de suporte. Precisamos de um plano de ação pedagógico e professores para continuar nossos percursos, além de orientação para lidar com a burocracia italiana. Precisamos também lidar com a falta de informação dos pais quanto à importância da língua de herança e do bilinguismo, fato que podemos observar pelo pouco investimento familiar no POLH e pela baixa participação em atividades comunitárias.

Ressalto, porém, que o II-SEPOLH[66] em Munique me deu a oportunidade de conhecer muitas outras associações que trabalham com o POLH na Europa. Conhecer como estão

---

[66] Disponível em: <www.sepolh.eu/arquivo/ii-sepolh> Acesso em 27 de Mai. 2016.

estruturadas me animou muito a continuar o trabalho com a Casa do Brasil em Florença. Assim, contatamos outras instituições que já trabalham na província de Florença com línguas maternas e estamos providenciando um encontro com a secretaria social e educacional da cidade. O enfoque desse encontro será trabalhar pra formalizar o ensino das línguas de herança dentro das escolas públicas. Esse será um grande passo a fim de encontrar o nosso espaço linguístico de direito, um espaço escolar sem discriminação.

## Referências

SORACE, A. 2012. Un cervello, due lingue: vantaggi linguistici e cognitivi del bilinguismo infantile. Disponível em: <http://www.bilinguismoconta.it/wp-content/uploads/2012/07/Sorace-2010-Un-cervello-due-lingue_vantaggi-linguistici-e-cognitivi-del-bilinguismo-infantile.pdf> Acesso em 27 de set. 2016.

# CAPÍTULO 9

## Projeto Pirulito:
## Promovendo o POLH
## em uma pequena cidade italiana

Leila Santos

## 1. INTRODUÇÃO

Escrevo este artigo para compartilhar a minha necessidade de somente falar português em casa e a minha experiência em promover o POLH (Português como Língua de Herança) em uma cidade extremamente pequena no norte da Itália.

Passei a viver fora do Brasil em 2007. Por seis anos morei em Lisboa, onde conheci meu marido e onde nasceu o nosso primogênito em 2011. Em Portugal, não tive preocupações com a língua. O nosso filho já crescia bilíngue, pois o pai lhe falava em italiano e eu em português. Porém, tivemos que mudar de país. A partir de julho de 2013, passamos a viver na Itália. Morando na pequena cidade de Valdobbiadene, senti a necessidade de passar para o meu filho a minha língua, a minha cultura. Assim, não havendo recursos para tal fim nessa região, criei o Projeto Pirulito. O meu objetivo era garantir que o meu filho não perdesse a oportunidade de se sentir brasileiro e de conhecer a minha cultura.

## 2. HISTÓRICO

O Projeto Pirulito é um grupo informal que favorece encontros entre crianças que usam o português como língua de herança. Realizamos atividades com base em datas comemorativas do Brasil e eventos para a divulgação da cultura brasileira na cidade. Os nossos encontros acontecem duas vezes por mês com atividades desenvolvidas através da abordagem lúdica, como contação de histórias, músicas e muitas brincadeiras.

O projeto foi pensado em 2014 e somente a partir de 2015 é que demos os primeiros passos realizando o primeiro *Encontro de Língua Portuguesa* no dia 22 de abril.

## 3. DADOS CONTEXTUAIS – PASSADO E PRESENTE

Numa viagem de férias ao Brasil, depois de um ano que deixamos Portugal e passamos a viver na Itália, tive que traduzir o que meu primogênito falava para a minha família. No Brasil, percebi que o meu esforço em falar português com meu filho em casa era pouco. Por mais que ele entendesse tudo, faltava o vocabulário em português. Eu não queria ser uma tradutora entre meus filhos e minha mãe ou entre meus filhos e minha avó. Queria que eles trocassem palavras de carinho sem a minha tradução. E justamente pela necessidade de manter os laços entre os meus filhos e a minha família comecei o Projeto Pirulito. Senti a obrigação de somente falar português com o meu primeiro filho, seja em casa ou em público, e até mesmo na presença de parentes italianos.

Comecei por pesquisar informações de como incentivar o português em casa e li o quanto é importante que a criança mantenha contato com outras crianças falantes da língua portuguesa. Nessas buscas de informações, encontrei iniciativas de promoção do POLH que realizam encontros com as crianças e pais brasileiros facilitando a interação dos pequenos com a língua portuguesa. Encontrei vários projetos mundo afora, mas somente dois projetos presenciais e um virtual na Itália: A Casa do Brasil em

Florença[67] e Brasile Língua e Cultura[68]. Infelizmente, esses projetos oferecem atividades em cidades que ficam há quase 300 km da minha. Em outras palavras, a grande distância a percorrer não possibilitaria que levasse meu filho para participar dessas atividades. Já o grupo virtual Piccolo Tagarela foi fundamental para mim. Através dele, pude trocar experiências com mães brasileiras que vivem na Itália. Além disso, o grupo promove atividades virtuais de incentivo ao português, como por exemplo, a troca de cartões de natal e áudio das crianças falando em português. Essas pequenas atividades fizeram com que meu filho se interessasse ainda mais pelo português. Pela dificuldade em deslocar-me grandes distâncias, pensei que poderia criar um projeto parecido em Valdobbiadene.

Mas o que é mesmo que propõe uma iniciativa de POLH? Eu não tinha ideia de onde e por onde começar. Conversei com meu marido, que é professor de língua italiana para estrangeiros, e ele resolveu me ajudar e apoiar o projeto. Então, inspirada no trabalho que ele realizava em Lisboa ensinando italiano para crianças luso-italianas, iniciei um projeto de português para crianças. Com a ajuda do meu marido, dei os primeiros passos para a estrutura pedagógica do projeto.

---

[67] www.casabrasilflorenca.com
[68] www.brasilelinguaecultura.it

Iniciado o projeto, precisava convidar as famílias brasileiras a trazerem seus filhos e como tinha pouco tempo que vivia na Itália, conhecia poucos brasileiros. Fui informada que muitas das famílias brasileiras já tinham retornado ao Brasil. Parecia quase impossível encontrar uma mãe ou pai brasileiro pelas ruas dessa pequena cidade do norte italiano. Conhecia somente três mães brasileiras casadas com italianos. Precisava atrair mais famílias para o projeto. Por isso, criei a fanpage do projeto no Facebook[69] e convidei os amigos a partilharem e divulgarem o projeto. A partir de então, deixei que a página atraísse mais pais brasileiros.

Com o primeiro *Encontro de Português* marcado, fui a procura de uma sala para receber os pequenos "pirulitos". Procurei a prefeitura da cidade, na esperança de ter uma ajuda na divulgação e obter uma sala para os encontros. Embora a assessora de cultura tenha apreciado a minha iniciativa, a prefeitura não poderia apoiar um projeto somente para crianças ítalo-brasileiras. Assim, a proposta da prefeitura era que o projeto fosse aberto à todas as crianças. E quanto à língua de herança? Deixaria de ser POLH para ser um curso de português para estrangeiros (PLE)? Não era bem o que eu queria. Por isso, procurei uma escola para alugar uma sala para o primeiro *Encontro de Língua Portuguesa*, marcado para o dia 22 de abril de 2015. Nos

---

[69] www.facebook.com/ProjetoPirulito

encontros seguintes a escola nos cedeu o espaço gratuitamente.

Tivemos cinco crianças em nosso primeiro encontro. Fiquei animadíssima! Como o coordenador da escola sugeriu que eu fizesse mais dois encontros sem custo com sala, fui adiante.

## 3.1 Brasileiros na Região

Valdobbiadene é um município italiano situado na província de Treviso, região norte da Itália. Valdobbiadene é composto por sete bairros e possui um total de 10.527 habitantes[70]. Desses, estima-se que apenas 37 sejam brasileiros residindo legalmente na cidade. Ressalto, porém, que existem muitos brasileiros que não fazem parte das estatísticas pois adquiriram cidadania italiana ao longo dos anos vividos aqui.

## 3.2 Famílias Ligadas ao Projeto

Atualmente, o Projeto Pirulito recebe 13 crianças luso-italianas, luso-brasileiras e uma criança brasileira, todas com idade entre 3 e 10 anos. As famílias que participam do projeto são binacionais, compostas por mães brasileiras e

---

[70] www.comuni-italiani.it/026/087/statistiche/

uma mãe portuguesa, que saíram dos seus países de origem após conhecerem os seu maridos italianos. Temos ainda, uma família de brasileiros.

A maioria das mães tem em média 38 anos e dois filhos, atualmente não trabalha e vive na Itália há mais de dez anos. Algumas admitiram que não falam português com os filhos, outras falam português e italiano e poucas falam somente em português com os seus filhos. Contudo, são unânimes em dizer que consideram importante passar a sua língua de herança para eles. Também acham importante a leitura em português, apesar de não possuírem livros em casa. Os seus filhos conseguem dizer algumas palavras em português sem esforço. No geral, as crianças sabem cantar músicas infantis que as mães lhes ensinam.

## 3.3 Perfil dos Professores

Nesse momento, sou a única educadora. Em alguns encontros, conto com o apoio musical do meu marido, que me acompanha e sempre incentivou a língua de herança em casa. Eu não tenho formação na área educacional, mas sempre estudei de forma autodidata. Pesquiso temas relacionados à educação infantil, ao bilinguismo, ao ensino de POLH. Participo, sempre que possível, de oficinas que promovem o POLH. Sigo também os conselhos educativos do meu marido, Marco Spinetta, que é professor de Língua Italiana como Língua Estrangeira e professor de música.

## 4. CONQUISTAS

Cito três grandes conquistas do primeiro ano de existência do Projeto Pirulito. Desde setembro de 2015 que, através de uma mãe que frequenta o Projeto Pirulito, consegui uma sala para realizar os encontros sem qualquer custo. Não ter compromisso de aluguel facilita muito a organização das nossas atividades. Além disso, em outubro do mesmo ano, tive a oportunidade de participar do II-SEPOLH, ocasião em que aprendi muito sobre o POLH. Lá também desenvolvi uma rede de contatos com organizações em outras partes da Europa. Através dessa rede, conheci pessoas maravilhosas que me deram confiança e entusiasmo, me fizeram ver que a dificuldade existe e é para todos. Entre elas a Andréa Menescal, do Mala de Leitura de Munique[71], que realizou dois encontros aqui na cidade. O primeiro foi sobre educação bilíngue com as famílias brasileiras e o segundo, uma leitura infantil para crianças.

Mais abrangentemente, nesse primeiro ano de Projeto Pirulito, posso dizer que para mim é uma grande conquista

---

[71] www.facebook.com/maladeleiturademunique

ter iniciado um projeto sem qualquer conhecimento do assunto, impulsionada apenas pelo desejo de passar a minha herança para os meus filhos. Uma das minhas maiores conquistas foi ouvir o meu filho de 5 anos falar em português ao telefone com a sua bisavó de quase 90 anos. É importante saber que todo o trabalho que desenvolvo com o Projeto Pirulito vale a pena. É uma conquista que não tem preço.

## 5. DESAFIOS

Existem muitos desafios. O primeiro deles é o fato de não contar com o apoio da prefeitura de Valdobbiadene. A assessora de cultura até teve interesse em apoiar o projeto e divulgá-lo. Entretanto, para que esse apoio se tornasse realidade, eu teria que estar inscrita nos órgãos italianos como pessoa jurídica. Devido a burocracia e os custos financeiros para constituir uma empresa jurídica, até mesmo como uma associação, não foi possível fazer com que o apoio da prefeitura de Valdobbiadene se concretizasse.

Outro desafio é atrair mais famílias para o projeto. Muitas famílias se interessam pelo projeto e o visitam. No entanto, não conseguem retornar frequentemente, seja pela distância, pelas inúmeras atividades que as crianças fazem depois da escola, ou pela dificuldade que os pais têm em falar português com os filhos.

## 6. CONCLUSÃO

A minha experiência com o Projeto Pirulito ilustra que sentir necessidade de falar português com os filhos é o primeiro passo para muitas mães iniciarem projetos ligados a promoção do POLH ao redor do mundo. Hoje, encontro crianças pelas ruas que perguntam quando será o próximo encontro. O meu filho de cinco anos está sempre motivado a cada encontro e ainda sugere o que devo ler ou fazer nos encontros. O entusiasmo dessas crianças é a minha inspiração para continuar a promover o POLH em uma cidade extremamente pequena no norte da Itália.

# CAPÍTULO 10

## Bilingua e.V.:
## A difusão da cultura
## de língua portuguesa em Berlim

Cíntia Godoy e Christina Litran

## 1. INTRODUÇÃO

A Bilingua e.V. é uma associação sem fins lucrativos, fundada em Berlim em 2004. Seu principal objetivo é oferecer a famílias multinacionais falantes do português a oportunidade de vivenciar sua cultura de origem (brasileira, portuguesa e africana) também fora de casa. A Bilingua auxilia os pais na difícil tarefa de criar filhos bilíngues e multiculturais, através de cursos para crianças, jovens e adultos, oficinas sobre educação bilíngue, encontros, festas e outras atividades culturais. Seu objetivo não se restringe ao ensino da língua portuguesa a crianças bilíngues, mas visa também à transmissão da cultura brasileira e à valorização da identidade multicultural na criança.

Neste artigo, compartilhamos detalhes sobre a associação e refletimos sobre suas conquistas e os cuidados necessários para que a associação cresça com harmonia.

## 2. HISTÓRICO

A Bilíngua e.V. foi fundada em Berlim em 2004, com o principal objetivo de fomentar o intercâmbio cultural entre o Brasil e a Alemanha. Para concretizar isso, os fundadores planejaram fundar um *Kindergarten* bilíngue, alemão e português, projeto esse que não obteve êxito. Assim, a direção foi renovada, e instalou-se um período de pausa nas atividades oficiais da associação até 2009.

Paralelamente a isso, mas fora da Associação Bilingua, algumas mães brasileiras e alemãs começaram a se encontrar informalmente em 2008. Essas mães tinham como principal objetivo a troca de informações e a oferta a seus filhos (entre 1 e 2,5 anos) de um contato maior com a língua portuguesa e a cultura brasileira. Esses encontros eram realizados na sede da extinta Revista Brazine, onde as crianças brincavam ao som de músicas em português, em uma atmosfera de muita alegria.

Com o tempo, essas mães sentiram a necessidade de dar ao grupo um novo rumo e, com o auxílio de uma educadora, iniciou-se oficialmente o trabalho mais direcionado com a língua portuguesa, em espaço mais adequado. O primeiro espaço alugado para fins de atividades infantis direcionadas foi a Kreativhaus e. V., um centro cultural de Berlim, onde os encontros realizavam-se semanalmente durante o ano de 2009. A partir de 2010, as atividades tomaram lugar no Kiezoase Schöneberg – um centro de convívio familiar. Nesse momento, o trabalho foi incorporado pela Bilingua e.V. e, desde então, o número de alunos vem crescendo, o quadro de professores aumentou e as atividades têm-se diversificado.

## 3. DADOS CONTEXTUAIS – PASSADO E PRESENTE

### 3.1 Brasileiros em Berlim e famílias ligadas a Bilingua e.V.

A comunidade brasileira em Berlim é bastante significativa. Segundo dados oficiais do DFE (destatis.blob publicacion), vivem, hoje, na capital alemã, cerca de 2500 crianças brasileiras em Berlim.

Ligadas ao projeto temos cerca de 30 famílias, a maioria composta de casal teuto-brasileiro e dois filhos. Em geral, a faixa etária dos pais e das mães fica entre 25 e 50 anos. As crianças dividem-se entre todas as faixas etárias da seguinte forma: cerca de 18 crianças de 1 a 3 anos, 10 crianças de 3 a 5 anos, 11 crianças de 5 a 7 anos, 9 crianças de 7 a 9 anos, e 12 crianças de 9 a 12 anos (dados de junho de 2017).

Cerca de 30% desses alunos já participam das aulas de POLH há 6 anos. Há certa flutuação de alunos, ou seja, uma boa parte (cerca de 30%) não permanece mais do que um ano matriculada.

As crianças e seus familiares devem associar-se à Bilingua e.V. para poderem usufruir da oferta de cursos. Mais de 95% são sócios não-ativos, ou seja, não têm direto a voto nas assembleias. Poder-se-ia afirmar que essa mesma porcentagem não tem interesse nas atividades da associação e que essas pessoas apenas se tornaram sócias porque esse é um pré-requisito para a matrícula de seus filhos em um dos cursos.

Em algumas famílias, principalmente naquelas em que ambos os pais são brasileiros, o português é falado em casa. Mas são exceções, pois, na grande maioria dos casos, apenas um dos pais fala português fluentemente, de forma que o português acaba não sendo a língua da família.

## 3.2 Perfil dos Professores

Ao todo, são oito professores entre 30 e 55 anos, sendo que cinco deles trabalham diretamente com o POLH (Português como Língua de Herança). Todos têm experiência em ensino infantil, apesar de terem obtido uma formação diversificada no Brasil - desde formação em Comunicação Social até formação em Letras, passando por especialização em Pedagogia Waldorf, formação em educação física, em didática de línguas estrangeiras etc. Infelizmente, nenhum dos professores tem formação sólida em ensino do POLH, o que exige da equipe pedagógica muito cuidado. Porém, alguns dos professores estão dispostos a estudar sobre o tema, a participar de reuniões pedagógicas periódicas sem remuneração para discussão e aprimoramento do trabalho em sala de aula.

## 4. CONQUISTAS

Além do aumento significativo no número de alunos (de menos de dez em 2010 para mais de cinquenta em 2016), uma das maiores conquistas é o desenvolvimento linguístico em português das crianças e seu crescente interesse pela cultura brasileira.

Outras melhorias são a diversificação e expansão das atividades. Hoje, o que destaca a Bilingua e.V. entre outras instituições do gênero em Berlim é sua estrutura de atividades regulares para crianças de 6 meses a 12 anos de idades, além de sua oferta de apoio familiar. Atualmente, são oferecidas as seguintes atividades regulares para cerca de 60 alunos: Aconchego, Canta Nenê, Agora é Hora!, Cambalhotas, Capoeira, Português como Língua Estrangeira, Alemão para Falantes de Português, Corpo Língua Materna, Encontros para Gestantes e Tentantes.

Aconchego são encontros em português para bebês de 3 a 12 meses, acompanhados de suas mães. Esse curso oferece um ambiente apropriado para que os bebês explorem diversos materiais e se movimentem livremente, seguindo seus impulsos naturais. Às mães, é dada oportunidade e espaço para observarem os sinais de seus filhos e trocarem informações e vivências com outras mães.

Canta Nenê são encontros em português para crianças de 6 meses a 3 anos, acompanhadas dos pais. Neles, as crianças vivem ludicamente a língua portuguesa fora de casa, através de música, dança, brincadeiras de roda, contação de histórias, etc. Os pais, por sua vez, relembram as tradições de sua infância e trocam ideias, livros, CDs, figurinhas, entre outras atividades.

Agora é Hora! são aulas de Português para crianças de 3 a 12 anos que têm o português como língua de herança, divididas em grupos segundo sua faixa etária. O projeto Agora é Hora! oferece aos alunos o contato com a língua portuguesa e sua cultura através de atividades criativas, como ouvir e cantar músicas, contação de histórias, brincadeiras, danças de roda e atividades de estímulo à leitura e à escrita.

Cambalhotas são aulas com jogos e brincadeiras em português para crianças a partir dos 3 anos, divididas em grupos segundo sua faixa etária. Nas aulas do projeto Cambalhotas, as crianças exercitam o corpo e a língua portuguesa através de jogos cooperativos, jogos competitivos, brincadeiras tradicionais brasileiras e da prática de esportes em grupo.

A Capoeira é oferecida para crianças a partir de 6 anos (ou menores, acompanhadas por adulto), jovens e adultos, em alemão e português.

O curso de Português como Língua Estrangeira é uma oferta para crianças a partir de 7 anos e adultos que não têm contato constante com o português e precisam aprender essa língua para viajar, conversar com parentes e amigos, assim como para quem tem contato com o português, mas não fala a língua. O curso é baseado em atividades lúdicas, dá ênfase à conversação e apresenta a gramática de forma sutil.

O curso de Alemão para Falantes de Português destina-se a adultos que querem aprender ou aprofundar seus conhecimentos em alemão com explicações em português, em que são tratadas as dificuldades específicas dos falantes de português como língua materna no aprendizado do vocabulário, da gramática, da fonética etc.

O projeto Corpo Língua Materna é um curso de movimento e percepção corporal para gestantes. As aulas desse projeto buscam dar suporte para o corpo em desenvolvimento durante a gestação e oferecer espaço para as mulheres mergulharem nas transformações causadas pela gravidez e pela chegada da maternidade. As aulas corporais visam a auxiliar o corpo da mulher no trabalho de parto, no pós-parto e na relação entre mãe e bebê.

Nos Encontros para Gestantes e Tentantes, mulheres conversam sobre assuntos relacionados à gravidez, ao parto e à maternidade. Nesses encontros mensais, é discutido um tema previamente sugerido pelo grupo, e as mulheres têm oportunidade para se conhecerem, exporem dúvidas, descobertas, inseguranças e informações.

Além disso, a Bilingua e.V. promove esporadicamente eventos culturais, como leituras de livros em português para crianças, apresentações musicais e peças teatrais. Outro grande projeto, realizado em 2015 foram as Oficinas para

Pais de Crianças Bilíngues, em que pais, familiares e professores tiveram a oportunidade de conversar com profissionais da área sobre os seguintes temas: língua materna, língua estrangeira e língua de herança; bilinguismo (conceitos e diferenças); a relação entre pais e filhos nas famílias multiculturais, prováveis conflitos e possíveis soluções; a construção da identidade brasileira na criança, a importância de se transmitir a própria cultura aos filhos e o papel dos pais no processo de formação da identidade brasileira na criança; a manutenção do português dentro e fora de casa e os fatores determinantes do grau de proficiência em uma língua; as ferramentas para a manutenção do português como língua de comunicação familiar; as possibilidades de uso do português fora de casa, a construção de uma identidade brasileira atuante na sociedade; alfabetização e língua de herança - o processo de aquisição da ortografia portuguesa em crianças alfabetizadas em alemão e o papel dos pais nesse processo.

Um dos projetos que está começando a se tornar realidade é a elaboração das Cartas aos Pais, uma série de publicações em que se discutirão temas relacionados à educação, criação bilíngue, famílias interculturais, educação em um ambiente estrangeiro e muitos outros.

## 5. DESAFIOS

Muitos são os desafios, dentre eles: ter sua própria sede e melhores condições de trabalho para a direção e os professores (remuneração, formação, material); levar a oferta de atividades a outras regiões de Berlim; ampliar a oferta cultural em português que tenha como público-alvo a criança e o adolescente em Berlim; convencer os pais da importância da manutenção da língua de herança e de sua cultura; expandir a oferta de apoio familiar; estabelecer conexões e colaborações com outras entidades de mesmo perfil, distribuídas pela Alemanha e pelo mundo afora; obter maior representatividade e poder de ação perante instituições alemãs e a Embaixada do Brasil em Berlim.

Outro desafio importante é a elaboração de um projeto político-pedagógico que contemple as necessidades de alunos com os mais diversos perfis e que considere as capacidades do corpo docente, tão diverso em sua formação e filosofia de trabalho.

## 6. CONCLUSÃO

Em nível pedagógico, podemos afirmar que a experiência adquirida ao longo desses anos e a resposta dada por nossas crianças e seus pais nos dão a certeza de que estamos no caminho certo. O trabalho contínuo e estruturado com os pequenos falantes de português e seus pais é fundamental para a preservação da língua portuguesa de herança e a valorização da cultura brasileira na Alemanha.

Em nível institucional, é necessário observar que o aumento do número de alunos e de profissionais envolvidos acarreta, por um lado, na possibilidade de aperfeiçoamento do trabalho – uma vez que se podem separar as crianças em diferentes grupos segundo sua faixa etária, facilitando o trabalho do professor e aumentando o rendimento da aula. Por outro lado, gera aumento de trabalho administrativo. Sendo assim, é importante rediscutir sempre a divisão de tarefas e a possibilidade de remuneração do trabalho.

# CAPÍTULO 11

## Linguarte e.V.:
## Contribuindo para o desenvolvimento
## do POLH na Alemanha

Camila Lira,
Universidade Viadrina, Frankfurt, Alemanha

## 1. INTRODUÇÃO

A Linguarte e.V é uma associação sem fins lucrativos criada em 2003 por pais e professores da comunidade brasileira em Munique, Alemanha. Desde então, tem o objetivo de promover e ensinar a língua portuguesa em sua variante brasileira nessa cidade. A associação acredita que "as línguas de herança (...) cumprem uma função sociocultural, tanto como meio de comunicação como modo de identificar e transformar grupos socioculturais" (He 2010: 66). Por isso, visa ajudar os pais binacionais a vivenciar a cultura e a língua portuguesa fora de suas casas, oferecendo um ambiente em que o Português como Língua de Herança (doravante POLH) possa ser vivenciado de diferentes formas, seja através de aulas ou de festas comemorativas, como também através do apoio aos pais e da oferta de formação de professores e eventos como o Simpósio Europeu de Português como Língua de Herança (SEPOLH).

Ao longo de seus 15 anos de existência, a associação passou a ser identificada como uma escola para o ensino de POLH em Munique, buscando orientar e apoiar seus pais e comunidade nesse processo de aprendizagem. No momento, a Linguarte e.V. vivencia conquistas e desafios como o aumento da procura de seus cursos de POLH e a falta de um local adequado para estas atividades. Porém, nota-se que a superação deste e outros desafios passa a ser possível à medida em que a comunidade brasileira em Munique passa a entender e reconhecer a importância da Língua de Herança em seu cotidiano.

## 2. HISTÓRICO

Com o objetivo de "refletir a educação internacional" (Novaes Nees: 2008) promovendo a integração de brasileiros em situação de diáspora na cidade de Munique e também repensando o ensino de Português como Língua Estrangeira e Língua Materna no exterior, a linguarte e.V. foi fundada no ano de 2003. Dentro desse escopo, a Linguarte concentra-se, primeiramente, em atividades que possibilitem a educação e o ensino de português aos filhos de falantes de Língua Portuguesa. Essas atividades abrangem conteúdos específicos do currículo brasileiro do ponto de vista do ensino do idioma no exterior, projetos culturais voltados para um ou mais temas específicos da cultura brasileira, projetos interdisciplinares que colocam os alunos em contato com representantes da comunidade brasileira de Munique e região. Enquanto associação sem fins lucrativos, a Linguarte começou a funcionar oficialmente em 23 de julho de 2003 e a partir de então passou a ser gerida por um diretor administrativo, um diretor pedagógico, um secretário e um tesoureiro. Para iniciar suas atividades, os integrantes da diretoria criaram e divulgaram um site (www.linguarte.de), que é alimentado por novos cursos, atividades e eventos de acordo com o ano letivo escolar da Baviera.

Durante os anos iniciais, a Linguarte, apoiada na Recomendação do Ministério da Cultura - KMK – de 24 de maio de 1976, parágrafo 7[72], passou a oferecer aulas extracurriculares de POLH na cidade de Munique. As aulas

---

[72] KMK - Konferenz der Kultusminister der Länder (1976): Neufassung der Vereinbarung «Unterricht für Kinder ausländischer Arbeiter»

eram oferecidas de acordo com as normas bávaras sobre as aulas extracurriculares de Língua de Herança: uma turma seria aberta em escolas secundárias assim que houvesse 10 crianças interessadas em participar das mesmas, fora do horário de aula, ou seja, no período vespertino.

Entre 2003 e 2007, a Linguarte ofereceu anualmente 2 turmas de POLH em duas escolas na cidade de Munique. Essas aulas eram financiadas pelas famílias através de mensalidade e taxa de associados, enquanto as salas de aula eram cedidas pelo governo nas escolas onde encontrassem o maior número de alunos interessados. Além dessas ofertas, cursos de Português como Língua Estrangeira eram oferecidos a adultos interessados em aprender a Língua e Cultura do Brasil. Também foram organizadas oficinas de culinária para crianças, em parceria com outras associações para a promoção da cultura brasileira na cidade de Munique.

A partir de 2008, com a resolução da prefeitura de Munique, compartilhada pelo governo estadual, de priorizar apenas os cursos de Alemão como Língua Estrangeira para alunos em idade escolar, deixando as línguas de herança sob responsabilidade das autoridades consulares de cada país, a Linguarte não pôde mais usufruir das salas de aulas em escolas. Com isso, buscou-se como solução o aluguel de salas em centros de convivência social e familiar, local que pudesse manter o valor mínimo de mensalidade e assim dar continuidade ao ensino de POLH em Munique. Em parceria com o ClubIN[73], conseguiu-se um local de 3 salas que puderam ser adequadas às aulas de POLH por um preço acessível, oferecendo ainda espaço para dar continuidade a outros projetos, como uma cozinha aberta em que se oferecem as oficinas de culinária. É nesse cenário que a Linguarte segue atuando desde 2009, o que mudou a estrutura das aulas tanto em relação aos horários como às turmas. Se durante os anos em que as aulas eram ministradas nas escolas a Linguarte pôde organizar as turmas de forma a ter alunos da mesma faixa etária, as aulas passaram a ser oferecidas aos sábados e buscou-se organizar turmas em que não só a faixa etária, mas também os conhecimentos linguísticos estivessem equiparados.

Os cursos de POLH focam em três objetivos: (1) trabalhar a aquisição do Português em suas competências oral, auditiva, textual e escrita, (2) conscientizar sobre a importância do bilinguismo e da língua de herança e (3) promover o desenvolvimento do contato com a língua portuguesa. Nossos cursos visam o contato da criança com a língua e cultura brasileira e com outros brasileirinhos, através de livros paradidáticos e materiais didáticos que possam incentivar a aquisição da escrita e a melhora da performance oral e auditiva de nossos alunos. Para ajudar em nossa

---

[73] http://www.vij-muenchen.de/de/clubin

missão, procuramos desenvolver projetos como culinária, visita à biblioteca, carnaval, entre outros, para que o contato com a língua ocorra através de diferentes formas, incentivando os diferentes tipos de aprendizado dentro de diversos contextos culturais. Cremos que para a leitura e a escrita tornarem-se mais prazerosa e efetiva, é preciso proporcionar à criança experiências significativas, as quais elas não encontram decorando gramática. Para isso, o professor deve intervir de forma a despertar na criança o querer escrever e o compreender o significado da importância em dominar a língua escrita. Segundo Vygotsky (1998), o professor deve ensinar as crianças a linguagem escrita, e não apenas a escrita das letras.

Quando dizemos "português" significa que além de trabalhar o português brasileiro não excluímos as demais variantes do luso-português. Pelo contrário. Em sala de aula, cada professor da Linguarte aproveita a oportunidade para abrir o leque linguístico de nosso idioma. É importante salientar Português do Brasil porque nosso público é especialmente de famílias conectadas ao nosso país, famílias estas que querem se envolver não apenas com a língua em si, mas com a cultura e as raízes brasileiras.

Cada turma na associação recebe um nome, o qual identifica as fases de aprendizagem, e é organizada de acordo com a faixa etária e o desenvolvimento linguístico de cada uma. Ao visitar nosso espaço, oferecemos a oportunidade de frequentar três aulas experimentais. São nesses encontros que tanto a família pode observar o trabalho realizado pela associação quanto o(a) professor(a) pode identificar o perfil do aluno e averiguar qual a turma recomendável para o seu desenvolvimento. As turmas são:

- Recreação: 3 a 6 anos;
- Alfabetização: 6 a 9 anos;
- Introdução ao Português: 9 a 12 anos;
- Português Avante: 12 a 14 anos;
- Português Plus: a partir de 14 anos.

É importante citar que, embora seja usado o nome alfabetização, esse curso não tem o objetivo de alfabetizar os alunos conforme conhecemos de escolas oficiais, mas de oferecer ao aluno, com base na Linguística Contrastiva[74], a possibilidade de analisar, vivenciar, contrastar e aplicar os conhecimentos adquiridos na sua língua dominante e ajustá-los aos diferentes usos na língua de herança.

Dentro dessa estrutura, os cursos de sábado são ofertados duas vezes por mês, respeitando-se as férias escolares e por um período de 3 horas com pausa. Já os cursos semanais têm uma duração de 90 minutos, para turmas a partir de 6 anos

---

[74] A linguística contrastiva surge em 1945, idealizada por C. FRIES, com o intuito de ajudar no ensino de língua estrangeira e consolida-se na década de 50 com LADO.

e de 1 hora e 15 minutos para crianças entre 3 e 5 anos. Com isso, o número de turmas foi crescendo gradativamente ao longo dos anos, até que, em 2016, contava-se com 4 turmas aos sábados e 3 turmas durante a semana.

A partir de 2012, a Linguarte passou a envolver-se academicamente com o POLH, buscando enviar seus professores para cursos como o de Formação de Professores de POLH oferecido pelo Ministério de Relações Exteriores e organizado pela ABEC em Zurique. Nos anos seguintes, a Linguarte ofereceu um curso de formação de professores em Munique, tratando de temas como material didático, Português como Língua Estrangeira, Português como Língua de Herança e Bilinguismo. Juntamente com a Mala de Herança de Munique, a Linguarte organizou a primeira formação de professores em parceria com o Elo Europeu e, logo após, organizou também o II SEPOLH [75]. Para além dos cursos de formação de professores, a Linguarte continuou aumentando sua gama de oficinas para a comunidade brasileira. Além da culinária de Natal, passaram a fazer parte de nosso calendário anual a festa de carnaval e a festa junina, bem como outras atividades que associem a cultura ao aprendizado da Língua Portuguesa.

---

[75] II Simpósio Europeu de Português como Língua de Herança

## 3. DADOS CONTEXTUAIS – PASSADO E PRESENTE

### 3.1 Brasileiros em Munique

Segundo estatística do Ministério de Relações Exteriores do Brasil de 2015, cerca de 85.272 brasileiros vivem na Alemanha. Desses, 2.369 brasileiros moram em Munique, sem contar aqueles com cidadania europeia e os indocumentados[76]. Os dados apresentados pelo Departamento de Estrangeiros da cidade muniquense informam ainda que 1.562 cidadãos brasileiros são mulheres, enquanto 807 são homens. Esses cidadãos informam ainda nessa pesquisa que vieram ao país para trabalhar, estudar ou devido à reunião familiar (casamentos binacionais e nacionais). Estes dados, associados à pesquisa feita com os pais e associados da Linguarte, ajudaram-nos a traçar um perfil de nossa comunidade e a descobrir quais são seus desejos com relação ao ensino de Língua e Cultura aos seus filhos, o qual será apresentado a seguir.

### 3.2 Perfil das famílias ligadas à Linguarte

Para traçar o perfil das famílias que buscam as ofertas para o ensino de POLH, foi elaborado um questionário com

---

[76] Dados do consulado de Munique informam que há cerca de 40 mil brasileiros em sua jurisprudência. Já o registro na cidade de Munique conta com apenas 2.369, uma vez que brasileiros com cidadania europeia registram-se como europeu.

questões referentes à formação familiar e cultural de nossos alunos. Os resultados obtidos no ano de 2015 mostram que:

- 75% dos progenitores brasileiros referem-se à mãe;
- A idade média dos pais fica entre 36-45 anos;
- 62% vivem em Munique há mais de 10 anos;
- A média de filhos por família é de 1,2 crianças.

Ainda sobre as famílias é importante ressaltar que temos uniões biculturais (casais teuto-brasileiros, ítalo-brasileiro) e monoculturais (casais brasileiros ou casais alemães). Cerca de 5% dessas famílias viveram em média 4 anos no Brasil, onde pelo menos um de seus filhos nasceram ou frequentaram o jardim de infância. Em relação à formação, a maioria afirma ter ensino superior. Entre os pais brasileiros, muitos são funcionários de multinacionais ou doutorandos e pós-doutorandos. Já entre as mães, muitas vieram à Alemanha acompanhando seus maridos ou optaram por fazer uma reunião familiar. Embora a maioria delas tenha formação superior, nota-se que a validação de seu diploma na Alemanha faz parte de um longo processo e muitas vezes, elas optam por trabalhos que não exigem formação ou por dedicar-se integralmente à família. A maioria das famílias ainda afirma viajar ao menos uma vez ao Brasil por ano, como forma de manter o português dos filhos e de lhes propiciar contato com a cultura brasileira.

Muitos ainda citam o uso de livros, cds e dvds pelos filhos como forma de manter contato com a cultura e a língua dentro de seu âmbito familiar.

Para integrar a família no processo de aprendizado e fomento da língua de herança, a Linguarte procura manter vínculo com os pais, convidando-os a participar de atividades curriculares (como apresentar a sua cidade para a turma do seu filho), extracurriculares (como ser voluntário nas festas, atividades de artesanato e passeios) ou tornando-se membro ativo da associação. Com isto, nota-se que os alunos se sentem encorajados pelos pais a participar ativamente das atividades e diminui as expectativas dos pais de que seus filhos em apenas alguns encontros poderão falar e escrever fluentemente em Português. Além disso, a associação procura informar seus associados sobre as diversas atividades culturais que envolvem a língua e a cultura brasileira em Munique.

## 3.3 Perfil dos profissionais atuantes na Linguarte: da formação continuada ao material didático

Procurando profissionalizar o ensino de POLH na cidade de Munique, a Linguarte preza pela seleção das pessoas que irão trabalhar com as crianças teuto-brasileiras matriculadas em nossos cursos. Para tanto, a diretoria da Linguarte, juntamente com voluntários da área de recursos humanos, organizou um processo seletivo de profissionais que possa buscar o melhor dos profissionais selecionados. Assim, estabeleceram-se critérios para o processo seletivo, sendo importante a formação em área da educação, a experiência e, em especial, o desejo em se aventurar no ensino de POLH. Dessa forma, o quadro de professores da Linguarte hoje conta com 6 professoras e 1 coordenadora pedagógica, entre as quais temos pedagogas formadas em Letras (Português – Inglês, Português – Alemão), uma psicóloga e uma advogada, além de uma estagiária. É importante ressaltar que, embora se preze por profissionais da área da educação, há uma enorme dificuldade em encontrar profissionais em Munique que estejam dispostos a trabalhar numa associação que consegue apenas pagar um valor mínimo por sua hora/aula.

Como contrapartida e em busca dos melhores profissionais, a Linguarte procura reverter todo o recurso obtido com as mensalidades dos associados para o pagamento dos professores, oferecendo um valor de hora/aula condizente com o mercado. Além disso, procuramos oferecer orientação pedagógica através da coordenação e formação pedagógica visando o aprimoramento dos nossos profissionais. Nesse quesito formação, a Linguarte é bem atenciosa.

Periodicamente fazemos formações pedagógicas com nossos professores e realizamos reuniões para entender e trocar experiências sobre o trabalho em sala de aula. Na formação, procuramos conduzir temas principalmente voltados ao entendimento do bilinguismo e multilinguismo, dessa forma, estimula-se a criação de mais atividades e reforça-se o diálogo entre pais e professores, uma vez que este assunto, bilinguismo, ainda é rodeado de mitos e tabus capazes de deixar muitas famílias inseguras em relação ao processo de aprendizagem.

Também o material didático é preocupação constante da diretoria pedagógica da associação e seus professores. Assim, a busca por materiais adequados que garantam o aprendizado em turmas heterogêneas é uma constante. A análise de material didático disponível no mercado bem como um diagnóstico dos alunos de cada turma, além da troca de experiências positivas entre as professoras, ajuda na criação de materiais específicos para as necessidades da turma. O material didático utilizado em sala de aula está incluído na mensalidade, à exceção das leituras ocorridas ao longo do ano, caso não haja disponível gratuitamente nas diversas bibliotecas virtuais autorizadas. Todavia, temos sempre a preocupação de manter nosso estoque atualizado. Nosso acervo já passa de 100 unidades, incluindo gibis e livros de ensino do Português como língua materna, os quais podem servir de referência aos professores, para atividades em sala de aula. Há muitos CDs e DVDs também disponíveis sobre Educação e Literatura. Além disso, disponibilizamos uma diversidade de materiais para atividades práticas, tais como cartolinas, cola, tesouras, tintas, pincéis, entre outros. Afinal, ensinar a língua portuguesa requer também criatividade, uma vez que o Brasil nos oferece uma diversidade de cores, ritmos e folclore que podem ser reproduzidos em sala de aula.

Essa preocupação com a diversidade de materiais não é apenas para manter um ensino de POLH de qualidade, mas também para envolver nossas crianças e jovens nas atividades semanais. É sabido que o ritmo escolar na Alemanha é bem exigente e cada família tem seus hábitos e atividades extras diversas. A aprendizagem do português é uma delas e boa parte de nossos alunos tem aula conosco aos sábados pela manhã. Logo, manter o interesse e a atenção deles não é fácil, mas é possível, tendo boas ferramentas e uma boa formação.

## 4. CONQUISTAS E DESAFIOS

Para falar de desafios e conquistas é necessário analisar não só a realidade de Munique, como também das demais iniciativas em prol do POLH no mundo. Faz-se necessária uma reflexão sobre o ensino de POLH em diversos âmbitos, para que se possa buscar apoios governamentais e não-governamentais, de acordo com as necessidades locais. Em conferência no I-SEPOLH (2013), Souza (2013, 2016) apresentou 7 desafios das escolas de POLH no Reino Unido:

**1.** Local nem sempre ideal para desenvolverem suas atividades;

**2.** Limitação de treinamento de professores e cursos de desenvolvimento profissional adequados;

**3.** Inexistência de um currículo para o ensino de POLH;

**4.** Falta de material didático apropriado;

**5.** Diversidade nas habilidades linguísticas dos alunos;

**6.** A necessidade de trabalhar a motivação dos alunos;

**7.** A importância de desenvolver um maior compromisso das famílias que frequentam e que coordenam as escolas.

Embora tenham sido encontrados na realidade do Reino Unido, estes mesmos desafios são encontrados no contexto do ensino de POLH em Munique. A Linguarte não possui um local ideal para desenvolver suas atividades. O ClubIn, espaço alugado para tal, apresenta três salas e uma cozinha. Uma única sala está equipada para ser uma sala de aula, com lousa e mesas. As outras salas do espaço foram criadas para receber jovens até 27 anos num ambiente descontraído.

Assim, sofás e mesa de pebolim ocupam estes ambientes, que são adaptados em nossos dias de aulas. O aluguel caro nos impede de conseguir um espaço somente nosso, onde possamos disponibilizar nossa biblioteca com acesso livre a todos, por exemplo. A limitação de treinamentos e cursos para os professores também é um desafio para a Linguarte, que procura solucionar essa carência através de reuniões pedagógicas e cursos de formação interna oferecidos ao menos uma vez por ano, além de incentivar os seus profissionais a participarem de cursos e oficinas oferecidas pelo ELO Europeu. A inexistência de um currículo de POLH oficial, levou-nos a preparar um currículo adequado à nossa realidade e às necessidades de nosso público-alvo. Porém, ainda sentimos falta de um documento que possa nortear nossas expectativas em relação ao conhecimento a ser ensinado, o que se espelha na falta de material didático adequado. Esse desafio, aliado à heterogeneidade das turmas é um dos que mais nos move: como lidar com uma turma heterogênea e lidar com as expectativas dos pais?

Por último, é importante ressaltar a necessidade de trabalhar a motivação dos alunos, que em sua maioria participam dos cursos em um sábado que poderia ser livre, depois de uma rotina semanal extensa, por imposição dos pais. Além disso, é necessário que as famílias se comprometam mais com a associação, uma vez que esta só existe através de sua participação. Acrescentamos a essas necessidades ainda um último desafio que encontramos na comunidade onde trabalhamos em prol do POLH: que é a conscientização da comunidade alemã em prol dos benefícios que é falar uma língua de herança. Esse tema ainda é cerceado de preconceitos nas escolas da região e frequentemente os pais tiram seus filhos de nossos cursos por recomendação dos professores que acreditam ser a língua de herança um empecilho para o aprendizado e desenvolvimento do alemão.

Apesar das dificuldades citadas acima, encontramos aspectos positivos nos últimos 3 anos da Linguarte e.V. Entre as conquistas que podemos citar estão o aumento do número de alunos que passaram a frequentar nossas aulas. Enquanto em 2008 éramos apenas uma turma com 5 alunos, agora somos sete turmas e contamos com cerca de 40 alunos. Isto proporcionou a oferta de cursos para diferentes faixas etárias. Se antes a procura era por alunos a partir dos 6 anos, agora temos as turmas de recreação, com crianças a partir de 3 anos. Também não podemos esquecer que o trabalho de conscientização dos pais tem dado frutos e eles mostram-se cada vez mais engajados em nossas atividades. Além disso, o apoio do Consulado para nossas atividades, seja através de divulgação ou participação em nossos eventos, tem sido uma constante nos últimos anos.

## 5. CONCLUSÃO

O trabalho da Linguarte e.V é feito em conjunto - procuramos unir pais e associados ao ensino, esclarecendo-lhes dúvidas, promovendo formações e até mesmo atividades extra culturais, tais como o envolvimento com a música brasileira; com a dança; com a capoeira e com o ensino de português como língua estrangeira, para os não nativos do Brasil. Ou seja, é uma Associação multilateral, na qual todos podem se envolver e serem ouvidos, analisamos as propostas e verificamos a possibilidade de aplicá-las ou não ao dia a dia. Tem sido bem positivo esse formato ao longo dos anos, cada vez mais temos pais e associados participando efetivamente dos eventos, contribuindo para a organização do ambiente e divulgação da cultura brasileira. Tornou-se uma família cheia de membros e a cada dia ela cresce mais e mais.

Dentro da filosofia de trabalho da Linguarte, o ensino da Língua Portuguesa no exterior não deve se limitar às aulas. O sucesso do ensino de um idioma e uma cultura estrangeira depende do prestígio que eles gozam dentro de sua própria comunidade no exterior, a começar pelas famílias. Nesse sentido, a Linguarte organiza anualmente palestras informativas para pais bem como eventos para divulgar a cultura brasileira na comunidade de Munique. Esse trabalho contribui também para a promoção da Língua Portuguesa, gerando uma procura pelos cursos desse idioma por interessados de outras nacionalidades. Por isso, outros focos de trabalho da Linguarte são os cursos de português para adultos e a formação e o aperfeiçoamento de professores de Língua Portuguesa.

Nesse diapasão, reforçamos como a cultura e as raízes brasileiras podem contribuir na aprendizagem da língua de herança e as razões são: a Associação Linguarte trabalha com o POLH voltando-se ao lúdico e ao técnico, sendo esse último de forma discreta porque a heterogeneidade na sala de aula é grande. Além disso, as razões – motivos justificados pelas famílias - para aprenderem o português também são diversas, logo, oferecemos uma aprendizagem que abrange todos os PCNs (Parâmetros Curriculares Nacionais) brasileiros, porém de acordo com a realidade local e de cada criança.

Primamos, portanto, por oferecer às nossas crianças e jovens a oportunidade de sentir a atmosfera brasileira aqui na Alemanha, por construir uma memória poética em cada um deles, porque caminhar por entre a nossa literatura, nossas origens e transformações ao longo do tempo não é uma tarefa fácil, mas os resultados são excelentes e ganham um espaço não somente no caderno, mas na essência e identidade múltipla de nossos brasileirinhos.

# Referências

HE, A. 2006. *Toward an identity theory of the development of Chinese as a heritage langua*ge. Heritage Language Journal. Vol. 4, nº1, outono de 2006. Disponível em: http://www.heritagelanguages.org/ViewPaper.ashx?ID=e6YzJ530d%2fzrgPgMlR5aaQ%3d%3d Acesso em 13 outubro 2016.

KMK (Konferenz der Kultusminister der Länder). 1976. Neufassung der Vereinbarung *Unterricht für Kinder ausländischer Arbeiter* (Beschluß vom 8.4.1976) Disponível em: http://www.ediamme.edc.uoc.gr/download.php?id=377845,153,8. Acesso em 18.05.2017

MINISTÉRIO DE RELAÇÕES EXTERIORES. *Brasileiros no mundo: estimativas populacionais das comunidades 2015.* Disponível em: http://www.brasileirosnomundo.itamaraty.gov.br/a-comunidade/estimativas-populacionais-das-comunidades/Estimativas%20RCN%202015%20-%20Atualizado.pdf Acesso em: 20.04.2017

NOVAES NEES, Z. 2008. *Linguarte - oficina brasileira de educação.* Cadernos do CNLF, Série VII, nº·08 - Língua e Ensino, Círculo Fluminense de Estudos Filológicos e Linguísticos/UFRJ. Rio de Janeiro. Disponível em: http://www.filologia.org.br/viicnlf/anais/caderno08-12.html Acesso em: 21.01.2017

SOUZA, A. 2013. "Ensino de Português no Exterior: Contexto e Perspectivas", Paper presenation at I-SEPOLH, IOE, University of London, London, 24-25 October.

SOUZA, A. 2016. *Is Brazilian Portuguese being taught as a Community or Heritage Language?* in *Language Issues,* Summer, 27(1): 21-28. Disponível em: https://souzaana.files.wordpress.com/2017/04/souzaa-2016c-is-brazilian-portuguese-being-taught-as-a-community-or-heritage-language.pdf Acesso em 19.05.2017

VYGOTSKY, L. 1998. *A formação social da mente: o desenvolvimento dos processos psicológicos superiores.* São Paulo: Martins Fontes

# CAPÍTULO 12

## ABRIR:
## Uma ação de parceria e cooperação no Reino Unido

Cláudia Garwood e Ana Souza

## 1. INTRODUÇÃO

O número de escolas que ensinam Português como Língua de Herança (POLH) no Reino Unido tem aumentado consideravelmente nas últimas décadas (SOUZA, 2016a). A ABRIR[77], Associação Brasileira de Iniciativas Educacionais no Reino Unido, tem contínua e arduamente trabalhado para conscientizar e enfatizar a necessidade da união dessas escolas e delas com escolas em outros países. Assim, este

---

[77] www.abrir.org.uk

artigo tem o propósito de discutir a relevância de trabalhos em parceria, visando a cooperação e a união das escolas que promovem a língua portuguesa e disseminam a cultura brasileira. Com esse fim, apresentamos um breve resumo sobre a história do desenvolvimento da ABRIR. Em seguida, situamos a necessidade de sua existência com destaque ao número de brasileiros no Reino Unido e às escolas ligadas à associação. Ilustramos a cooperação praticada entre a ABRIR e suas escolas associadas com a experiência da EBeCC (Escolinha do Brasil e Centro Cultural). Então, compartilhamos algumas conquistas da associação em seus primeiros dez anos de funcionamento. Também refletimos sobre os desafios que precisam ser considerados para o futuro da ABRIR e concluímos que a ação de parceria e cooperação é essencial para maiores avanços na área do ensino de POLH.

## 2. HISTÓRICO

A ABRIR foi fundada em 2006 por um grupo de professores (SOUZA, 2016a) com apoio do Consulado-Geral do Brasil em Londres na figura do então Cônsul, o Embaixador Flávio Perri (ABRIR, 2016). Seu lançamento oficial se deu em 4 de novembro de 2008, junto com a inauguração das novas instalações do Consulado-Geral do Brasil em Londres em

Bond Street.

Em 2010, a ABRIR foi registrada como uma organização voluntária junto ao HMRC[78], órgão britânico para impostos, sob o número XT26396. Tendo como missão disseminar o conhecimento a respeito dos benefícios do bilinguismo, principalmente para os falantes de língua portuguesa, a ABRIR apoia escolas e grupos já existentes e ajuda professores e famílias na formação de novos grupos. Seus serviços incluem orientação sobre seleção e contratação de professores; informação sobre qualificação, currículo e material didático/paradidático; assim como treinamento e supervisão pedagógica para professores. Ademais, oficinas sobre língua, identidade e bilinguismo são ministradas para pais e oficinas sobre arte e contação de histórias são oferecidas para crianças.

Além do apoio prático, a ABRIR também tem representado as escolas que atuam no Reino Unido junto ao governo brasileiro com envio de representantes às Conferências Brasileiros no Mundo[79] em 2008 e 2009, e envio de relatórios[80] sobre a atuação e as necessidades dessas instituições a todas as cinco conferências realizadas entre os

---

[78] www.gov.uk/government/organisations/hm-revenue-customs
[79] www.brasileirosnomundo.itamaraty.gov.br/associativismo-e-politicas-para-as-comunidades/conferencias
[80] www.abrirweb.com/relatorios

anos de 2008 e 2016.

Ao completar 10 anos de existência, a ABRIR iniciou uma nova fase com a posse de um novo comitê no dia 8 de outubro de 2016: Fabiano Ferreira (Presidente Interino / Diretor de Recursos Humanos), Gabriela Smarçaro (Diretora Financeira), Kenya Silva (Diretora de Projetos), Márcia Pacheco (Diretora de Comunicação) e Roberto Binder (Diretor de Planejamento Estratégico). Neste artigo, relatamos fatos relevantes aos trabalhos realizados pela associação até então.

## 3. DADOS CONTEXTUAIS – PASSADO E PRESENTE

### 3.1 Brasileiros na Região

O Reino Unido é considerado o terceiro país europeu com o maior número de imigrantes brasileiros (MRE, 2015). Seis por cento do total de brasileiros que imigraram para o Reino Unido se estabeleceram na Inglaterra (IBGE, 2011) e Londres é a cidade inglesa que tem a maior concentração desses imigrantes (EVANS *et al.*, 2011). Existe uma maior concentração de brasileiros nos bairros londrinos de Southwark e Lambeth (16.5%), Barnet e Brent (14%) assim como Tower Hamlets (13.5%) (MCILWAINE *et al*, 2011). Porém, os imigrantes brasileiros encontram-se espalhados por toda a capital inglesa (EVANS *et al.*, 2011).

## 3.2 Escolas Ligadas ao Projeto

Como mencionado acima, a ABRIR é uma associação de escolas que ensinam POLH no Reino Unido. Essas escolas tendem a ser instituições voluntárias organizadas por mães e pais brasileiros imigrantes e, geralmente, oferecem duas horas de atividades aos sábados (SOUZA e BARRADAS, 2014). No momento da elaboração deste artigo, quinze escolas eram associadas à ABRIR (MRE, 2016) e a décima-sexta estava em processo de se associar. Refletindo a concentração de brasileiros na capital inglesa, nove dessas escolas encontram-se em Londres. São elas: (1) Abelhinha Amarelinha[81], (2) Brasil em Arte[82], (3) CELUBRA - Centro Educacional Luso-brasileiro[83], (4) Clube dos Brasileirinhos[84], (5) Curumim[85], (6) EBEL - Escola Brasileira em Londres[86], (7) Escola Cultura Brasileira[87], (8) Escola da Comunidade Júnior[88], e (9) Pais de Ealing -

---

[81] marciaholme@me.com
[82] info@brasilemarte.co.uk
[83] celubrauk@gmail.com
[84] clubebrauk@gmail.com
[85] curumimlondres@gmail.com
[86] ebel.escolabrasileira@gmail.com
[87] c.mazzon@btinternet.com
[88] contact@igclondon.org.uk

*Portuguese for kids*[89].

Tem-se notado, porém, um crescente número de brasileiros em outras regiões do Reino Unido (SOUZA e EVANS, 2015). Com essa descentralização geográfica, escolas têm sido criadas em outros condados ingleses. A segunda maior concentração de escolas complementares brasileiras encontra-se no condado de Hertfordshire. Neste condado, há três escolas: (1) a BrasUKinhas[90], a (2) EBeCC - Escolinha do Brasil e Centro Cultural[91], e (3) a Ipê Amarelinho –Escola de Português Luso-Brasileiro[92]. O Clubinho Verde-amarelo[93] localiza-se no condado de Berkshire, a ABCD - Escolinha de Português e Centro Cultural[94] encontra-se em Surrey, a ABRACE (Associação Brasileira Cultural e Educacional)[95] fica em Crawley, e o Clubinho das Letras iniciou suas atividades em Liverpool durante a elaboração deste artigo.

Todas as escolas associadas à ABRIR podem ser vistas na Figura 1, abaixo.

---

[89] patazev@hotmail.com
[90] brasukinhas2016@hotmail.com
[91] www.escolinhadobrasil.co.uk
[92] escolaipeamarelinho@gmail.com
[93] www.clubinhoverdeamarelo.co.uk
[94] abcdescolinha@gmail.com
[95] abraceuk@outlook.com

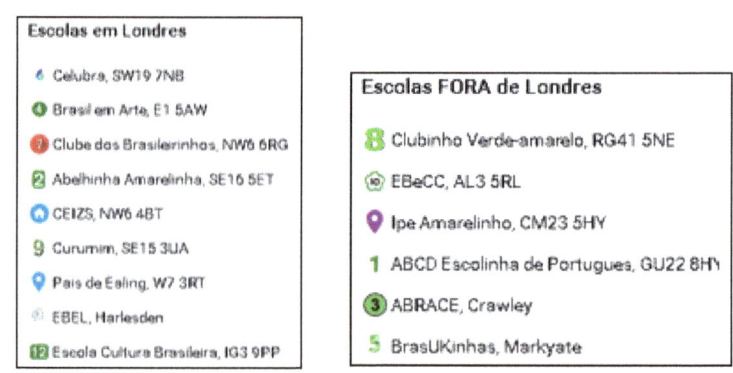

Figura 1 — Mapa da Inglaterra com as 15 escolas associadas à ABRIR

## 3.3 Perfil de uma das escolas associadas

A Escolinha do Brasil e Centro Cultural (EBeCC), indicada com o símbolo 🌐 no mapa acima, foi a primeira escola a ser fundada no condado de Hertfordshire, em junho de 2014, com a finalidade de ensinar POLH e promover a cultura brasileira em St Alban's e região. A EBeCC oferece aulas em duas turmas. Com a turma dos alunos mais novos (4-6 anos), trabalha-se o desenvolvimento da linguagem oral por meio de atividades lúdicas como músicas, jogos, brincadeiras, filmes e contação de histórias. Com a turma dos alunos mais velhos (7-11 anos), adiciona-se a leitura e a escrita. O estudo gramatical é introduzido gradativamente para esse segundo grupo. O ensino da língua portuguesa para as duas turmas é baseado em um tema gerador relevante para as experiências socioculturais dos alunos. Assim, o aprendizado do POLH é ligado às culturas brasileira e inglesa com o intuito de valorizar a multiplicidade da identidade e a diversidade das experiências culturais dos alunos (ver SOUZA, 2016b para uma discussão detalhada sobre a importância dessa valorização).

Associada à ABRIR desde sua formação, a EBeCC tem se beneficiado das ações de parceria oferecidas por essa associação como também tem cooperado com seus projetos. O apoio da ABRIR tem sido inestimável para a manutenção e o crescimento da EBeCC. A escola tem gratuitamente promovido seus serviços[96] e eventos[97] e anunciado vagas[98] para professores através da mídia ABRIR. Além disso, oficinas para pais[99], contação de histórias para crianças, supervisão pedagógica e orientação quanto à seleção de material didático e contratação de professores são serviços oferecidos pela ABRIR e regularmente usados pela EBeCC.

Em contrapartida, a EBeCC é uma das escolas mais ativas dentro da ABRIR. A EBeCC tem tido um papel importante em apoio às atividades da associação, tais como o prestígio a eventos culturais como as comemorações do Dia do Índio[100] e reuniões[101] com autoridades brasileiras no Reino Unido. Sua equipe também participou do Curso Introdutório para Professores de Português[102], uma parceria da ABRIR com o Instituto de Educação, Universidade de Londres, e do primeiro curso online para professores de escolas associadas pela Abrir4schools[103]. Além disso, a EBeCC participou das duas primeiras edições do SEPOLH[104] (Simpósio Europeu

---

[96] https://blog.abrir.org.uk/2015/03/31/apresentando-a-ebecc-escolinha-do-brasil-e-centro-cultural
[97] https://blog.abrir.org.uk/2016/01/31/programacao-de-carnaval-2016
[98] https://blog.abrir.org.uk/2015/10/25/oportunidade-para-professores-brasileiros-ebecc
[99] https://blog.abrir.org.uk/2015/08/16/lidando-com-alguns-mitos-sobre-o-bilinguismo
[100] https://blog.abrir.org.uk/2015/06/26/abrir-participa-do-dia-do-indio-na-exbaixada
[101] https://blog.abrir.org.uk/2014/12/16/consulado-geral-do-brasil-em-londres-recebe-representantes-de-educacao
[102] https://blog.abrir.org.uk/2014/11/09/curso-introdutorio-para-professores-de-portugues-teve-apoio-da-rede-brasil-cultural
[103] https://abrir4schools.wordpress.com
[104] https://blog.abrir.org.uk/2015/10/27/ii-sepolh-uma-experiencia-enriquecedora-para-professores-e-escolas

sobre o Ensino de Português como Língua de Herança).

Em suma, a relação ABRIR-EBeCC ilustra como trabalhos em parceria podem levar a uma cooperação produtiva para a promoção da língua portuguesa e disseminação da cultura brasileira. Outras conquistas da associação são compartilhadas na próxima seção.

## 4. CONQUISTAS

Em dez anos de existência, a ABRIR teve inúmeras conquistas. Mencionamos aqui algumas delas. O primeiro logo e a website[105] da ABRIR foram criados em 2007 pela Revista Brasil.etc[106] e por JNPAQUET Media Ltd[107], respectivamente. A institucionalização da ABRIR foi iniciada em 2009 e completada no ano seguinte com a formação do primeiro Comitê Executivo com Ana Souza (Presidente), Kenya Silva (Secretária) e Paolla Grecco (Tesoureira). No mesmo ano, JNPAQUET Media Ltd criou o e-mail, Facebook e Twitter ABRIR e Caroline Nocetti criou o Blog ABRIR.

O trabalho da ABRIR tem sido reconhecido de várias maneiras. O prêmio *Brazilian International Press Award UK* foi dado à ABRIR pelo seu trabalho na promoção da

---

[105] www.abrir.org.uk
[106] http://www.brasiletc.com
[107] http://www.jnpaquet-media.com

língua portuguesa em 2011[108] e em 2014[109]. Em 2013, a Divisão de Promoção da Língua Portuguesa (DPLP) do Itamaraty, Ministério das Relações Exteriores (MRE) do Brasil, aprovou a solicitação de apoio financeiro a três projetos da ABRIR: (1) a Contação de História em Lancaster[110], (2) as Oficinas de Formação Continuada para Professores de POLH[111] e (3) o I-SEPOLH[112] (I Simpósio Europeu sobre o Ensino de Português como Língua de Herança).

Este apoio da DPLP foi de suma importância, pois permitiu que a ABRIR iniciasse seus cursos de formação e expandisse suas redes internacionais. Por meio da Abrir4schools, cursos são oferecidos para os professores das escolas associadas duas vezes ao ano. Parcerias também foram desenvolvidas com o Instituto de Educação, Universidade de Londres para a oferta do Curso Introdutório para Professores de Português em 2014, como mencionado acima. No mesmo ano, a ABRIR passou a participar das Oficinas e Partilhas[113] realizadas pela Raiz Mirim[114] (Bruxelas, Bélgica) com apoio do Elo

---

[108] https://blog.abrir.org.uk/2011/07/31/abrir-recebe-premio-do-brazilian-international-press-award-reino-unido
[109] http://pressawards.us/londres-2
[110] https://blog.abrir.org.uk/2013/06/01/mais-uma-contacao-bilingue-de-historias-em-escola-inglesa
[111] https://blog.abrir.org.uk/2013/06/04/oportunidade-unica-oficinas-gratuitas-para-professores-de-portugues
[112] www.sepolh.eu/arquivo/i-sepolh
[113] https://blog.abrir.org.uk/2014/07/09/oficinas-para-pais-e-professores-em-bruxelas-2
[114] www.raizmirim.org

Europeu[115] e das comemorações do Dia Mundial do Português como Língua de Herança[116] organizado pela Brasil em Mente[117] (Nova Iorque, Estados Unidos). Também foi o ano em que o logo ABRIR foi modificado pela Juxapo[118]. Antes disso, em 2012, a ABRIR desenvolveu uma parceria com a AOTP[119] (*American Organization for Teachers of Portuguese*). Nessa parceria, as duas organizações se comprometeram a divulgar o trabalho de sua nova parceira para seus professores associados. A ABRIR também selou uma parceria com a EMF-USA[120] (*Educationist Movement Foundation – Estados Unidos*) através da qual as escolas complementares associadas à ABRIR possuem acesso ao material pedagógico da EMF-USA e podem obter assessoria pedagógica desta organização.

Além disso, a DPLP apoiou financeiramente o documentário Uma Língua como Herança[121]. Produzido pelo Laboratório Cisco[122], esse documentário foi lançado em 2015. A ABRIR teve o prazer de colaborar com esse projeto para que as atividades das escolas brasileiras complementares que

---

[115] www.eloeuropeu.org
[116] https://blog.abrir.org.uk/2014/06/11/a-primeira-celebracao-do-dia-do-portugues-como-lingua-de-heranca-foi-um-sucesso
[117] www.brasilemmente.org
[118] https://blog.abrir.org.uk/2013/09/18/we-have-some-exciting-news-we-have-a-new-logo
[119] www.aotpsite.net
[120] https://blog.abrir.org.uk/2013/04/18/parceria-da-abrir-com-movimento-educacionista-do-eua-beneficia-escolas-associadas
[121] www.youtube.com/watch?v=5s-A-Wqy25A
[122] www.laboratoriocisco.org

atuam no Reino Unido fosse registrado.

O ano de 2016 também foi um ano muito importante na história da ABRIR. O lançamento da Biblioteca ABRIR[123] na Casa do Brasil em Londres[124], a primeira biblioteca infanto-juvenil para literatura brasileira na Inglaterra, ocorreu nesse ano sob a direção da escritora infanto-juvenil Sylvia Roesch[125].

## 5. DESAFIOS

As conquistas relatadas acima foram obtidas em meio a inúmeros desafios. Como no relatório enviado a Conferência Brasileiros no Mundo de 2013 (ABRIR, 2013) e publicado em um artigo em inglês (SOUZA, 2016a), existem sete grandes desafios enfrentados pelas escolas complementares no Reino Unido. São eles: (1) falta de instalações próprias, (2) disponibilidade limitada de cursos para formação de professores de POLH, (3) a falta de um currículo[126] específico para o ensino de POLH, (4) a falta de recursos didáticos adequados ao contexto de POLH, (5) a diversidade das

---

[123] https://blog.abrir.org.uk/2016/06/23/abrir-inaugura-nova-biblioteca-na-casa-do-brasil-em-londres
[124] http://casadobrasil.org.uk
[125] www.sylviaroesch.com
[126] Note que a Suíça (cantão de Zurique) possui um Quadro de Referência para o Ensino de Língua e Cultura de Herança (LCH), o qual é adotado pelas organizações brasileiras naquele país (SOUZA e GOMES, 2015). Veja também as discussões em Souza (2016b).

habilidades linguísticas dos alunos, (6) a necessidade de motivar os alunos, e (7) a importância de desenvolver um maior compromisso por parte das famílias ligadas às escolas. Esses desafios são também citados pelas escolas em outras partes da Europa, como relatado nos outros capítulos nessa segunda parte dessa coletânea. As publicações citadas acima (ABRIR, 2013; SOUZA, 2016a) ligam esses desafios à grande mobilidade das famílias e dos professores e à falta de recursos financeiros.

Considerando a atuação da ABRIR, a associação tem desenvolvido projetos que apoiam as escolas com soluções criativas para os sete desafios acimas. Entretanto, a falta de recursos financeiros tem sido a maior dificuldade enfrentada pela ABRIR. Por isso, esse desafio é o foco das ações para a nova fase da associação.

## 6. CONCLUSÃO

A ABRIR, sendo a única organização que oferece assessoria pedagógica e orientação prática na área de POLH no Reino Unido, tem realizado um trabalho de fundamental importância para a implantação e manutenção de escolas de POLH neste país. Além disso, a ABRIR tem sido o elo que mantém e facilita a convivência profissional entre os coordenadores e professores das escolas a ela associadas.

Ressaltamos que, com o aumento do número de escolas no Reino Unido, surgiu a necessidade de que as escolas associadas apoiem mais ativamente o trabalho que a ABRIR tem realizado. Recentemente, por exemplo, uma variedade de línguas comunitárias correu o risco de serem retiradas dos exames de línguas oferecidos pelo sistema educacional inglês. A ação de escolas complementares e de organizações que as representam fez com que essa ameaça fosse extinta. Assim, várias línguas comunitárias, incluindo o português, continuarão fazendo parte de exames de *GCSE* (aplicado ao final da educação secundária compulsória, ano 11) e *de A-Level* (considerado para ingresso em cursos universitários, aplicado nos anos 12 e 13). Essa vitória para a língua portuguesa e outras línguas comunitárias evidencia como é crucial o envolvimento das escolas em assuntos e debates que envolvem a língua portuguesa.

Assim, enfatizamos que a união defendida e colocada em prática pela ABRIR é uma necessidade que só tem a contribuir para o crescimento das escolas. Em conjunto, as possibilidades de se desenvolver instrumentos pedagógicos adequados, alcançar objetivos e concretizar aspirações tornam-se maiores. Dentro desta perspectiva, acreditamos que o trabalho em parceria, a promoção do intercâmbio de ideias, a troca de experiências e práticas, e discussões sobre os desafios encontrados em nossa jornada podem contribuir para o desenvolvimento de políticas linguísticas voltadas ao ensino de POLH. Também acreditamos que essas políticas devam envolver as famílias, as escolas e o governo brasileiro (veja as discussões em SOUZA, 2010). Essa cooperação, sem dúvida, beneficiará coletivamente o trabalho sendo desenvolvido e as conquistas sendo atingidas em alinhamento com os objetivos que as diversas escolas e organizações têm em comum: a promoção da língua portuguesa e a disseminação da cultura brasileira.

## Referências

ABRIR. *Festa de 10 anos da ABRIR,* Apresentação na Casa do Brasil em Londres, Junho, 2016. Disponível em: <https://www.youtube.com/user/AbrirUK> Acesso em: 29 dez. 2016.

ABRIR. *Encaminhamentos para o Ensino de Português como Língua de Herança no Reino Unido.* IV Conferência Brasileiros no Mundo, 2013. Disponível em: <http://www.abrirweb.com/wp-content/uploads/2012/08/IV-Conferencia-Brasileiros-no-Mundo-2013-Encaminhamentos-para-o-Ensino-de-Português-como-Língua-de-Herança-no-Reino-Unido-3.pdf> Acesso em: 29 dez. 2016.

EVANS, Y.; TONHATI, T.; TENTONI-DIAS, G.; BRIGHTWELL, G.; SHERINGHAM, O.; SOUZA, A. & SOUZA, C. *Por uma vida melhor: brasileiras e brasileiros em Londres.* Londres: GEB/Goldsmiths/Queen Mary/Royal Holloway, Universidade de Londres, 2011. Disponível em: <https://geb2008.files.wordpress.com/2015/07/por_uma_vida_melho

r.pdf>. Acesso em: 29 dez. 2016.

IBGE. *Censo Demográfico 2010: características da população e dos domicílios resultados do universo.* Rio de Janeiro: Instituto Brasileiro de Geografia e Estatística, 2011. Disponível em: <http://biblioteca.ibge.gov.br/visualizacao/periodicos/93/cd_2010_ca racteristicas_populacao_domicilios.pdf> Acesso em: 29 dez. 2016.

MCILWAINE, C.; COCK, J.; LINNEKER, B. *No longer invisible: The Latin American community in London*. Londres: Queen Mary, Universidade de Londres, 2011. Disponível em <www.geog.qmul.ac.uk/latinamericansinlondon> Acesso em: 29 dez. 2016.

MRE. *Educação no Reino Unido: Acesso e oportunidades para a comunidade brasileira.* Londres: Ministério das Relações Exteriores (Consulado-Geral do Brasil em Londres), novembro, 2016. Disponível em: <https://sistemas.mre.gov.br/kitweb/datafiles/CgLondres/pt-br/file/Cartilha%20Feira%20de%20Educação.pdf> Acesso em: 29 dez. 2016.

MRE. *Brasileiros no mundo.* Brasília: Ministério das Relações Exteriores, agosto, 2015. Disponível em: <http://www.brasileirosnomundo.itamaraty.gov.br/a-comunidade/estimativas-populacionais-das-comunidades/estimativas-populacionais-brasileiras-mundo-2014/Estimativas-RCN2014.pdf> Acesso em: 29 dez. 2016.

SOUZA, A. Is Brazilian Portuguese being taught as a community or heritage language? In: *Language Issues,* v.27, n.1, 2016a, p. 21-28.

SOUZA, A. O português em Londres: aprendizes em um contexto de herança e suas implicações curriculares. In: M. L. Ortiz Alvarez, L.Gonçalves (Org.) *O mundo do português e o português no mundo afora: especificidades, implicações e ações.* Campinas, Brasil: Pontes, 2016b, p.173-200.

SOUZA, A. O Papel da Família e de Organizações Civis no Ensino de Português para Crianças (Anglo) Brasileiras. In: *Revista Travessia*, n.66,

2010, p.55-64. Disponível em: <https://geb2008.files.wordpress.com/2015/07/revista_travessia.pdf> Acesso em: 29 dez. 2016.

SOUZA, A.; BARRADAS, O. Português como Língua de Herança: Políticas Linguísticas na Inglaterra. In: *Revista SIPLE*, n.6, article 1, online journal, 2014. Disponível em: <http://www.siple.org.br/index.php?option=com_content&view=article&id=297:portugues-como-lingua-de-heranca-politicas-linguisticas-na-inglaterra&catid=69:edicao-6&Itemid=112> Acesso em: 29 dez. 2016.

SOUZA, A.; GOMES, J. Innovations in the teaching of Portuguese as a Heritage a Language – the case of Brazilian complementary schools in London and in Barcelona. In: O. Kagan, M. Carreira, C. Chik (Org.) *A Handbook on Heritage Language Education: From Innovation to Program Building,* Londres: Routledge, no prelo, p.100-113.

SOUZA, A.; EVANS, Y. (2015) Desafios no dia-a-dia: experiencias de brasileir@s no Reino Unido. Londres: GEB/Queen Mary/IOE, UCL. Disponível em <https://geb2008.files.wordpress.com/2015/07/souza-evans-2015-desafios-no-dia-a-dia.pdf> Acesso em: 29 dez. 2016.

# CAPÍTULO 13

## Elo Europeu:
## Representando uma região integrada

Maria José Maciel

## 1. INTRODUÇÃO

Neste breve artigo, apresentarei, em meu nome e em nome de meus colegas, nossa iniciativa: o Elo Europeu de Educadores de Português como Língua de Herança (Elo Europeu[127]), narrando sua trajetória, comemorando suas conquistas e refletindo sobre seus desafios no trabalho de promoção do POLH (Português como Língua de Herança) na Europa.

---

[127] www.eloeuropeu.org

Com foco em crianças e jovens bilíngues, para os quais a língua portuguesa é uma de suas línguas de herança, o Elo Europeu busca representar o continente europeu como uma região integrada, a fim de aumentar a representatividade, a visibilidade e, por conseguinte, a influência de todas iniciativas e organizações de POLH no continente junto às autoridades competentes.

A iniciativa visa, dessa maneira, servir de instrumento para que suas reivindicações, bem como a de seus membros e parceiros, sejam objeto de prioridade em projetos e programas governamentais e privados nessa área de ensino.

Ademais, o Elo Europeu busca contribuir para uma maior sinergia entre organizações e iniciativas nessa área de ensino e para a ampla divulgação de suas atividades, proporcionando uma arena de intercâmbio de experiências prático-docentes entre seus membros.

Em suma, os objetivos do Elo Europeu são:

▪ Fomentar a profissionalização do ensino de POLH na Europa;

▪ Oferecer, por iniciativa própria e através de parcerias, atividades de formação para educadores de POLH na Europa;

- Participar de iniciativas de capacitação e elaboração de material de ensino de POLH;

- Fomentar o intercâmbio de metodologias e práticas entre o ensino de POLH e PLE (Português como Língua Estrangeira);

- Promover o intercâmbio de experiências prático-docentes entre seus membros;

- Propor, reunir e apresentar reivindicações de educadores para os representantes europeus junto à Conferência de Brasileiros no Mundo e em outras instâncias competentes;

- Divulgar atividades relacionadas ao ensino de POLH.

## 2. HISTÓRICO

O Elo Europeu foi criado pelos educadores Adenilson J. Pereira, Andréa Menescal Heath, Juliana Azevedo Gomes e Maria José Maciel, todos inspirados pelas palestras ministradas no primeiro dia do I Simpósio Europeu sobre o Ensino de Português como Língua de Herança (I-SEPOLH[128]), promovido pela organização ABRIR[129] e Ana Souza em Londres nos dias 23 e 24 de outubro de 2013.

---
[128] www.sepolh.eu/arquivo/i-sepolh
[129] www.abrir.org.uk

Durante o jantar oferecido pelo evento no dia de 23 de outubro, os quatro novos amigos decidiram criar uma iniciativa que pudesse reunir os colegas em toda a Europa para celebrar, compartilhar e crescer com o POLH. Após uma rodada de sugestões à volta da mesa, a sugestão da colega Suelem Sandes foi implacável: a iniciativa se chamaria Elo Europeu!

Num primeiro período, a recém-criada iniciativa devotou seu trabalho à sua organização institucional e administrativa, em que tarefas como definição de objetivos, estabelecimento de metas específicas, criação de sua plataforma virtual e estabelecimento de contato com outras organizações da área dominaram os esforços de seus coordenadores.

Em outubro de 2014, o Elo Europeu realizava seu primeiro encontro de formação em Bruxelas, em parceria com a associação Raiz Mirim[130]. Desde então, a iniciativa tem realizado anualmente encontros de formação e trabalhado continuamente para divulgar o POLH na Europa.

## 3. DADOS CONTEXTUAIS – PASSADO E PRESENTE
### 3.1 Brasileiros na Europa

---

[130] http://www.raizmirim.org/

A proposta do Elo Europeu foca nos educadores de POLH na Europa e não propriamente dito nas famílias de expressão de língua portuguesa no continente. Sendo assim, não tentamos identificar o número ou tipo de famílias no continente ou em cada país, mas trabalhamos para que nossos objetivos e atividades sejam conhecidos por todos aqueles que trabalham com POLH em cada um dos diferentes países. Dessa forma, pretendemos incentivar e apoiar as iniciativas já existentes e prestar suporte àquelas que gostariam de se estabelecer, dando a conhecer colegas, metodologias, formações, obras de referência e recursos didáticos disponíveis para a profissionalização do ensino de POLH.

Nesse contexto, é de nosso maior interesse ter conhecimento de todos educadores, iniciativas e organizações espalhados pela Europa e esperamos que a comunidade de POLH no continente contribua com nosso trabalho, divulgando nossa iniciativa a todos os educadores interessados.

## 3.2 Projetos ligados ao Elo Europeu

Tendo como grupo-alvo os educadores de POLH em toda a Europa, o Elo Europeu está ligado a mais de 400 pessoas físicas e organizações através de sua página no Facebook e site, contribuindo para o intercâmbio de metodologias e práticas de POLH e de PLE entre seus membros e divulgando atividades e material de interesse para o grupo. Além desta oferta virtual, a iniciativa promove atividades de formação de POLH, por conta própria e em parceria com outras organizações. Em geral, tais atividades focam na alfabetização e letramento da criança bilíngue, no trabalho de sensibilização dos pais e na elaboração de material didático específico para língua de herança, fornecendo aos educadores ferramentas tanto para melhor difundir o POLH em sua região como para elevar a qualidade de sua oferta de ensino.

A proposta do Elo Europeu vem despertando interesse em organizações também fora do continente e já contamos com membros dos Emirados Árabes Unidos, Estados Unidos e Brasil, além dos membros europeus.

## 3.3 Perfil dos membros fundadores e coordenadores

Como mencionado, o Elo Europeu foi criado por quatro educadores: Adenilson J. Pereira, Andréa Menescal Heath, Juliana Azevedo Gomes e Maria José Maciel. Vindos de diferentes partes do Brasil e vivendo em diferentes partes da Europa, os quatro educadores não se conheciam até se encontrarem para o I-SEPOLH. Hoje, os quatro fundadores coordenam as atividades do Elo Europeu virtualmente e estão convencidos de que esta é a única forma de se poder, na prática, unir o continente em uma só região de POLH.

Contador de profissão, formado na PUC Goiás, e com estudos em políticas internacionais, o educador Adenilson sempre se interessou pela língua portuguesa. Em Bruxelas, onde reside, teve a oportunidade de fundar com alguns amigos a associação Raiz Mirim, onde atua como educador desde 2011. Além disso, Adenilson é membro integrante da equipe de preparação para o Exame Nacional para Certificação de Competências de Jovens e Adultos (ENCCEJA), bem como presidente da associação Raiz Mirim e presidente do Conselho de Cidadania da Bélgica e de Luxemburgo.

Andréa se formou em Relações Internacionais e Sociologia do Desenvolvimento, mas, já em 2007, tinha descoberto seu interesse pelo POLH. Desde então, vem atuando junto a diferentes projetos de POLH e bilinguismo em Munique e na região. Andrea é fundadora da Mala de Leitura de Munique[131], cocriadora da iniciativa Mulheres Brasileiras em Munique e do Centro de Informação e Apoio sobre Educação Bilíngue. Além disso, é assistente do Centro Internacional de Pesquisa em Multilinguismo da Universidade de Munique e

---

[131] https://www.facebook.com/maladeleiturademunique/

responsável pela assessoria e realização de seminários em língua portuguesa desde 2014.

Juliana é doutoranda em didática da língua pela Universidade de Barcelona, onde pesquisa sobre o tema "Português como língua de herança em um contexto de línguas irmãs". Juliana é formada em Pedagogia e atua como educadora de POLH na Associação de Pais de Brasileirinhos na Catalunha[132] desde 2012.

Eu, Maria José, conto com um mestrado em Linguística Contrastiva pela Universidade de Oslo e licenciatura em Letras do Brasil, além de ser a tradutora juramentada de norueguês – português na Noruega. Em Oslo, onde resido, atuo como professora de PLE desde 1993 e educadora de POLH desde 2012. Sou membro do Conselho de Cidadãos Brasileiros no país e fundadora e diretora da organização Português sem Fronteiras[133], que se dedica à promoção da língua portuguesa e da cultura brasileira na Noruega. Em 2014, fui agraciada com o prêmio *Press Award Norway* em reconhecimento ao meu trabalho em prol da língua portuguesa no país e, em 2016, homenageada pela Embaixada do Brasil pelos mesmos esforços.

---

[132] http://brasileirinhos-apbc-bcn.blogspot.co.uk/
[133] www.portugues.no

## 4. CONQUISTAS

Ao avaliar a trajetória do Elo Europeu nestes quase três anos, constatamos com orgulho conquistas que nos inspiram a seguir trabalhando por esta causa como, por exemplo, a realização de três encontros de formação em parceria com a associação Raiz Mirim de Bruxelas e a Mala de Leitura de Munique e participação da ABRIR, com mais de 100 participantes ao todo; uma página de Facebook ativa em que mais de 400 membros colaboram continuamente com material e dicas; a apresentação da iniciativa no II-SEPOLH em Munique em 2015; nossa presença na Conferência de Brasileiros no Mundo, onde propostas do Elo Europeu e de outras organizações similares foram apresentadas pelos porta-vozes dos diferentes países europeus e acolhidas pela conferência; nossa participação nas campanhas de celebração do Dia do Português de Herança e, ainda, a abertura de várias malas de leitura promovidas pela Mala de Leitura de Munique com nosso apoio.

Além das conquistas acima mencionadas, cabe ressaltar o apoio e reconhecimento com que fomos brindados pelos colegas mais experientes e a disposição destes em cooperar conosco, enriquecendo nossos eventos e contribuindo para elevar a qualidade do POLH no continente.

## 5. DESAFIOS

De um modo geral, os desafios mais imediatos que o Elo Europeu enfrenta são os mesmos de muitas outras organizações deste gênero que, baseadas em trabalho voluntário e sem apoio financeiro e institucional, dependem única e exclusivamente da boa-vontade de seus coordenadores e membros para sua gestão e realização de atividades. Esta realidade desacelera, em parte, o ritmo do desenvolvimento da organização e sua propagação por todo o continente, dificultando sua presença ativa em todos os países europeus. Contudo, apostamos em uma proposta de solidariedade e estamos cientes de que o caminho é longo, mas que queremos trilhá-lo, seja rápida ou lentamente.

## 6. CONCLUSÃO

Em suma, a coordenação do Elo Europeu está satisfeita com a jornada da iniciativa até aqui, confiante de que a iniciativa continuará promovendo ações que contribuam para o melhor preparo dos educadores, para a sensibilização dos pais e para a consolidação do POLH na Europa.

Copyright © 2017-2019, Ana Souza & Camila Lira.

The right of Ana Souza and Camila Lira to be identified as the Authors of the Work has been asserted by them in accordance with the Copyright, Designs, and Patent Act 1988. All rights reserved. No part of this publication may be reproduced, stored in a retrieval system, or transmitted, in any form or by any means without the prior written permission of the Authors, nor be otherwise circulated in any form of binding or cover other than that in which it is published and without a similar condition being imposed on the subsequent purchaser. To publish, republish, copy, or distribute this book, please contact: contact@jnpbooks.com

"O POLH (Português como Língua de Herança) NA EUROPA" (Volume 1) title and related indicia are © 2017-2019, JNPBooks Ltd - All rights reserved.
"O POLH (Português como Língua de Herança) NA EUROPA" series and related indicia are © 2017-2019, JNPBooks Ltd - All rights reserved.

Translations by Luciana Paquet (www.lucianapaquet.com)

Copyright © 2017-2019, JNPBooks Ltd. All rights reserved. First Edition.
JNPBooks Ltd is a JNPMedia Ltd company.
Copyright © 2017-2019, JNPMedia Ltd. All rights reserved.

ISBN 9781911435167 (PAPERBACK)
eISBN 9781911435174 (EBOOK)

www.ingramcontent.com/pod-product-compliance
Lightning Source LLC
Chambersburg PA
CBHW042113100526
44587CB00025B/4033